맛있는 과학

디스커버리 에듀케이션
맛있는 과학 – 46 생명 과학

1판 1쇄 발행 | 2012. 7. 25.
1판 4쇄 발행 | 2018. 3. 11.

발행처 김영사
발행인 고세규
등록번호 제 406-2003-036호
등록일자 1979. 5. 17.
주   소 경기도 파주시 문발로 197(우10881)
전   화 마케팅부 031-955-3102 편집부 031-955-3113~20
팩   스 031-955-3111

Photo copyright ⓒ Discovery Education, 2011
Korean copyright ⓒ Gimm-Young Publishers, Inc., Discovery Education Korea Funnybooks, 2012

값은 표지에 있습니다.
ISBN 978-89-349-5850-5 64400
ISBN 978-89-349-5254-1 (세트)

좋은 독자가 좋은 책을 만듭니다. 김영사는 독자 여러분의 의견에 항상 귀 기울이고 있습니다.
독자의견전화 031-955-3139 | 전자우편 book@gimmyoung.com | 홈페이지 www.gimmyoungjr.com
어린이들의 책놀이터 cafe.naver.com/gimmyoungjr | 드림365 cafe.naver.com/dreem365

어린이제품 안전특별법에 의한 표시사항
제품명 도서 제조년월일 2018년 3월 11일 제조사명 김영사 주소 10881 경기도 파주시 문발로 197
전화번호 031-955-3100 제조국명 대한민국 ⚠주의 책 모서리에 찍히거나 책장에 베이지 않게 조심하세요.

최고의 어린이 과학 콘텐츠
디스커버리 에듀케이션 정식 계약판!

Discovery EDUCATION

맛있는 과학

46 | 생명 과학

정효진 글 | 지미란 그림 | 류지윤 외 감수

주니어김영사

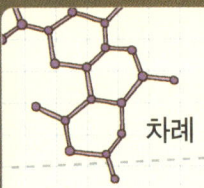

차례

1. 생명

생명체의 탄생 8
- TIP 요건 몰랐지? 오파린과 홀데인의 생명 기원설 14

육상동물과 인류의 조상 15
- TIP 요건 몰랐지? 단세포생물과 다세포생물 18
- TIP 요건 몰랐지? 익룡과 어룡 19
- Q&A 꼭 알고 넘어가자! 20

2. 세포

세포의 발견 24
- TIP 요건 몰랐지? 우리 몸은 상처를 어떻게 치료할까요? 26

세포의 구조 27
- TIP 요건 몰랐지? 생물의 성장과 세포 32

세포분열 33
- Q&A 꼭 알고 넘어가자! 38

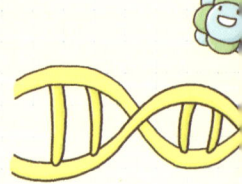

3. 유전

멘델의 유전법칙 42
- TIP 요건 몰랐지? 다윈의 진화론 46
- TIP 요건 몰랐지? 멘델이 완두콩으로 실험한 이유 47

염색체 48

변이 53
- TIP 요건 몰랐지? 멜라닌 색소 59

유전자 재조합 60
- TIP 요건 몰랐지? 사막에서도 잘 자라는 식물 63

유전자 치료 64
- Q&A 꼭 알고 넘어가자! 66

4. 줄기세포

줄기세포란 무엇인가요? 70
줄기세포의 종류 72
- Q&A 꼭 알고 넘어가자! 74

5. 생명 과학

인간 게놈 프로젝트 78
복제양 돌리 81
복제 인간 87
- Q&A 꼭 알고 넘어가자! 90

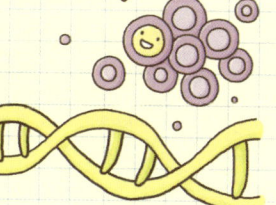

관련 교과
초등 4학년 2학기 2. 지층과 화석, 4. 화산과 지진
초등 5학년 1학기 4. 화산과 암석
중학교 1학년 5. 지각의 물질과 변화
중학교 3학년 4. 물의 순환과 날씨 변화

1. 생명

지구의 모든 것은 생물과 무생물로 구분할 수 있습니다. 그중 생물은 세포가 모여서 이루어진 생명체로서 동물, 식물, 미생물 같은 것을 말합니다. 생물은 길이와 크기가 자라고, 외부의 자극에 반응을 일으킵니다. 또 자신과 비슷한 자손을 만들어 대를 잇기도 해요.

생명체의 탄생

최초의 생명체

최초의 생명체는 무엇일까요? 또 어떻게 만들어졌을까요? 우리가 살고 있는 지구는 약 46억 년 전에 만들어졌습니다. 하지만 당시 지구에는 생명체가 살 수 없었습니다. 지구는 행성들이 충돌하고 융합하면서 만들어진 것이기 때문에 지구 표면이 아주 뜨거운 용암으로 뒤덮여 있었거든요. 현재 우리가 밟을 수 있는 땅과 같은 상태가 아니었지요. 온도도 매우 높았고, 산소와 물도 없었기 때문에 지구 위에서 생물체가 살 수 없었습니다.

하지만 땅의 표면 온도가 차츰 내려가면서 생명체를 만드는 데 필요한 물질이 하나 둘 생겼습니다. 처음에는 이산화탄소와 수증기가 만나서 비를 만들어 내고, 이것이 바다를 형성하게 되었습니다. 그 후 공기 중의 물질들이 바다에 녹아들면서 생명체를 이루는 유기물을 만들어 냈습니다. 이 유기물들이 합쳐지면서 생명체를 구성하는 물질들이 생겨났고, 그것들이 또 뭉쳐서 단백질이 만들어졌어요. 이러한 과정들이 반복되면서 DNA에 의해 최

유기물

탄수화물, 지방, 단백질과 같이 탄소를 포함해 잘 타는 물질을 말합니다. 유리, 모래 등과 같이 탄소를 포함하지 않아 잘 타지 않는 물질이 무기물입니다.

DNA

유전자의 본체입니다. 아데닌, 구아닌, 사이토신, 티민의 4종의 염기를 지니고 있으며, 그 배열 순서에 유전정보가 들어 있어서 그 정보에 해당하는 단백질을 만듭니다. DNA가 유전물질이라는 것은 20세기에 알려졌습니다.

원시 지구에서 이산화탄소와 수증기가 만나 비를 만들었고, 이 비가 바다를 이루었다.

초의 생명체가 만들어졌는데, 이것이 원핵세포입니다.

원핵세포

현재 지구에서 발견된 가장 오래된 생명체는 약 35억 년 전의 것으로 오스트레일리아의 한 폐광산에서 발견되었습니다. 이 생명체는 단순한 형태로 구성된 원핵세포였습니다. 원핵세포는 세포소기관이 없어서 음식물을 섭취할 수 없습니다. 또한 운동과 배출을 하지 못하고 DNA가 세포질 안에 흩어져 있습니다. 이러한 원핵세포에서 생성된 생물을 원핵생물이라고 합니다.

세포소기관

세포 안에서 어떤 특정한 역할을 수행하도록 분화된 구조를 말합니다. 미토콘드리아, 엽록체, 골지체, 소포체, 리소좀, 중심체 따위가 세포소기관에 해당합니다.

마이크로미터

길이의 단위 가운데 하나로서 음향, 전기, 미생물의 크기 등을 잴 때 쓰입니다. 1마이크로미터는 1m의 100만분의 1에 해당합니다. 1967년 국제도량형총회에서 폐지된 미크론 대신 사용해요. 기호는 '㎛'로 표기합니다.

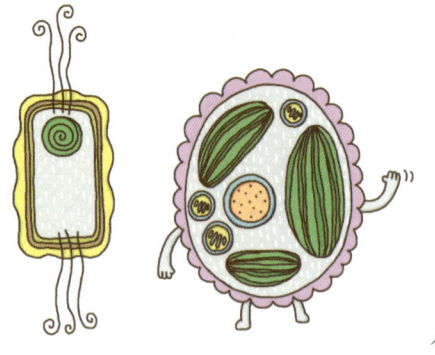

원핵세포와 진핵세포.

원핵생물은 주로 세포 한 개가 하나의 생명체인 단세포생물입니다. 세포의 크기는 1~10㎛(마이크로미터)입니다. 최근에는 세포 한 개의 크기가 100㎛ 이상이나 되는 거대한 원핵생물도 발견되고 있습니다.

최초의 생명체는 바닷속에서 탄생했습니다. 이 생명체는 산소가 없는 상태에서 자라는 세포였습니다. 하지만 점차 바닷속의 유기물이 줄어들자 스스로 영양분을 만드는 생물로 진화했습니다. 원시 지구에는 수소가 부족하여 산소를 만들어 내는 생물이 없었는데 진화를 거듭하면서 광합성 활동으로 산소를 만들어 내는 남조세균이 나타났습니다.

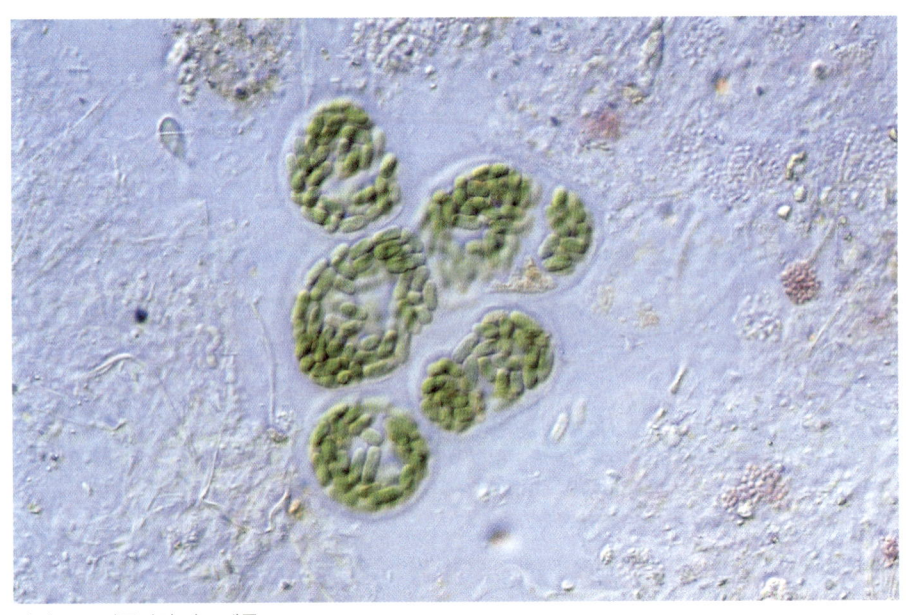

단세포로 이루어진 남조세균.

원시바다에서 탄생한 남조세균은 염록체를 가지고 있어서 낮에는 태양에너지를 이용하여 광합성 작용으로 유기물과 산소를 만들었고, 밤에는 주변의 탄산칼슘 알갱이를 모으기 시작했습니다. 다시 해가 뜨면 빛을 향해 자라는 성질이 있는 남조세균은 모아 둔 탄산칼슘 알갱이 위에서 또다시 광합성 작용을 했습니다. 이런 과정이 반복되면서 탄산칼슘 알갱이와 자라나는 남조세균이 서로 층층이 쌓여 줄무늬 암석을 이루었습니다. 이 암석을 스트로마톨라이트라고 부릅니다.

스트로마톨라이트는 원시바다의 따뜻하고 얕은 물속에서 살았습니다. 오늘날 오스트레일리아의 샤크 만에서 관찰할 수 있

광합성 작용

녹색식물이 빛을 이용하여 이산화탄소와 물로 양분을 만드는 작용을 말합니다. 이 과정에서 산소도 만들어집니다.

탄산칼슘

석회석, 대리석, 방해석 따위에서 나는 칼슘의 탄산염입니다. 시멘트, 유리, 약품을 만드는 데 쓰입니다.

샤크 만에 있는 스트로마톨라이트. ⓒ Happy Little Nomad@flickr.com

는데, 1년에 1㎜ 이하 정도 자란다고 합니다.

　남조세균이 활동을 시작하면서 바다에는 산소가 만들어져 물속에 녹아들었습니다. 그리고 약 20억 년 전부터는 대기 속에도 산소가 존재하기 시작했어요. 그러자 산소가 쌓이게 되면서 태양 빛에 포함된 해로운 자외선이 차단되었고. 그 결과 산소를 이용할 수 있는 생명체가 나타났습니다.

진핵세포

원핵세포에게 산소는 해로운 물질이었습니다. 그래서 원핵세포는 해로운 산소로부터 DNA를 보호하기 위해서 DNA를 막으로 둘러쌌습니다. 이 막의 일부가 세포의 핵이 되고, 이중막으로 형성된 핵을 가진 세포가 만들어졌습니다. 이를 '진핵'이라고 부릅니다.

엽록체

식물의 잎의 세포 안에 들어 있는 둥근 모양 혹은 타원 모양의 작은 구조물입니다. 엽록소를 가지고 있어 녹색을 띠며, 녹말을 만드는 중요한 부분입니다.

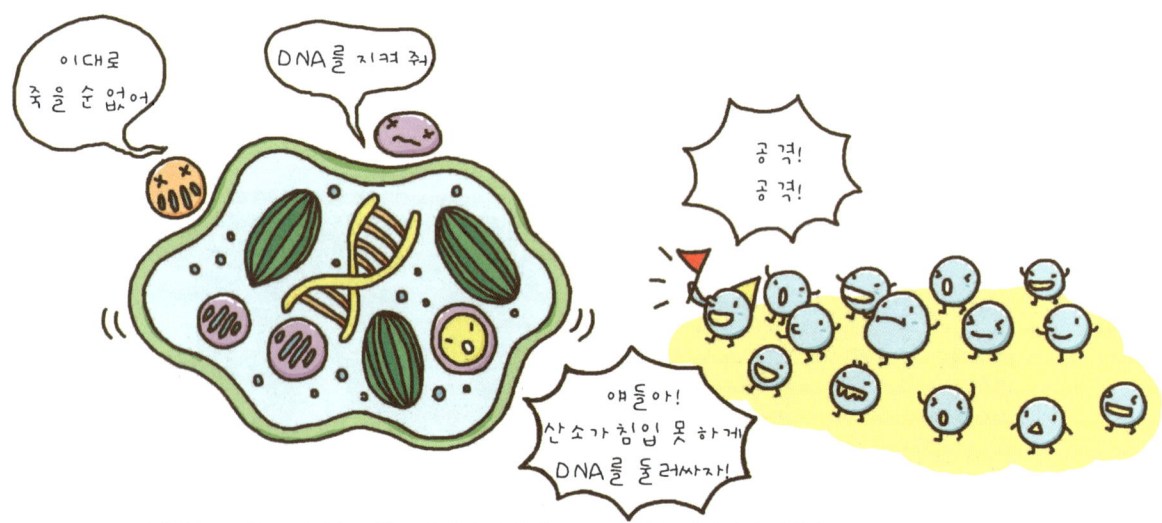

진핵세포는 산소로부터 DNA를 보호하기 위해 막으로 DNA를 둘러싸면서 생겼다.

진핵세포는 핵 외에 미토콘드리아, 식물의 엽록체, 소포체 등 세포소기관과 세포 골격을 가지고 있고, 크기는 원핵세포보다 지름이 5~10배 정도 큽니다. 그리고 유전물질인 DNA도 대량으로 가지고 있습니다.

다세포생물의 등장

광합성을 하는 남조세균과 진핵세포가 서로 도움을 주고받기 위해 남조세균이 진핵세포 안으로 들어가면서 엽록체가 되었습니다. 이렇게 진핵세포가 새로운 형태로 변형되었고 서서히 진화를 반복하면서 현재의 식물세포가 만들어졌습니다. 또한 진핵세포가 발전하여 진핵생물로 변하고 진핵생물은 다시 진화하고 증가하여, 세포가 하나인 단세포생물에서 세포가 여러 개인 다세포생물이 나타나기 시작했습니다.

오파린과 홀데인의 생명 기원설

1920년대에 러시아 생화학자 오파린과 영국의 생물학자 홀데인은 지구에서 생명이 자연적으로 발생한 과정에 대한 시나리오를 제안했습니다.

이 두 사람이 주장한 생명 기원설은 3단계로 이루어져 있습니다. 첫 번째 단계에서는 무기물에서 간단한 유기물이 만들어지고, 두 번째 단계에서 간단한 유기물에서 복잡한 고분자화합물이 만들어졌으며, 마지막으로 자기를 복제하고 물질대사(생명체가 몸 밖에서 섭취한 영양물질을 분해하고 합성해 에너지를 얻고, 필요 없는 물질을 몸 밖으로 내보내는 일)를 할 수 있는 원시 생명체가 만들어진다는 가설입니다.

■ 오파린과 홀데인의 생명 기원설 3단계

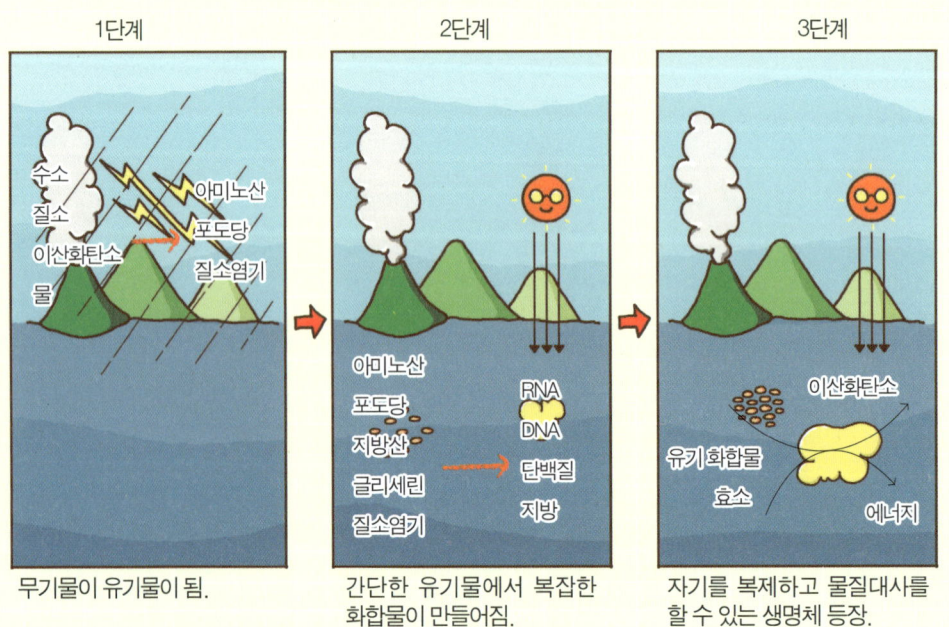

육상동물과 인류의 조상

바다의 생물은 점차 진화해서 육지로 올라오게 되었습니다. 유전자가 변하고 자연선택의 과정을 거치면서 엄청나게 많은 생물이 나타났다가 사라졌어요.

고생대(약 5억 8,000만 년 전~2억 2,500만 년 전)는 다양한 해양 생물이 번성했던 시대입니다. 뼈가 없는 생물로부터 몸속에 뼈대를 지닌 어류가 처음 생겨났습니다. 어류가 번성하고 진화하면서 육상으로 서식지를 옮겨 가게 되었고, 그 과정에서 양서류가 생겨났습니다. 초기의 양서류는 바다에서 살았던 흔적이 고스란히 남아 물고기처럼 넓적한 꼬리지느러미와 비늘을 지니고 있었습니다. 그러나 물 밖에서 살기 위해서는 공기로 호흡하고 몸을 떠받칠 수 있을 만큼 튼튼한 뼈대와 근육과 다리가 필요했습니다. 환경에

자연선택

자연계에서 그 생활 조건에 적응한 생물은 살아남고, 적응하지 못한 생물은 저절로 사라지는 일을 말합니다. 다윈이 만든 개념이에요.

적응해 살기 위해서 진화하면서 지금 모습으로 발달하게 된 것입니다.

하지만 지금까지도 양서류는 건조한 서식지에 맞는 피부를 갖추지 못해서 몸을 축축하게 유지해야 하고, 물 밖에서는 알이 살아남을 수 없기 때문에 물속에 알을 낳습니다. 오늘날 우리 주변에 있는 대표적인 양서류인 개구리, 두꺼비, 도롱뇽은 아직도 습한 곳에서 산답니다.

양서류가 점차 진화한 형태가 파충류입니다. 건조한 비늘 피부를 가진 파충류는 생존과 번식을 하는데 더 이상 물이 필요 없게 되었습니다. 대표적인 파충류로 잘 알려진 공룡은 약 2억 3,000만 년 전에 등장해서 빠르게 육상에서 번성했습니다. 곧은 다리로 서서 효과적으로 움직였던 공룡은 여러 재주를 습득함으로써 환경에 쉽게 적응할 수 있었지요. 그러나 공룡도 백악기가 끝나 갈 무렵 점점 그 숫자가 줄어들다가 약 6,500만 년 전에 멸종하게 되면서 당시 하늘을 날아다니던 익룡, 어룡을 포함한 많은 해양 파충류도 함께 사라졌습니다.

공룡이 자리를 비운 지구에는 대량 멸종에서 살아남은 포유류가 새롭게 등장했습니다. 포유류는 파충류의 한 종류에서 진화했는데, 초기 포유류는 쥐만 한 크기로 매우 작았습니다. 포유류는 먹이만 충분하다면 기후나 지역에 얽매이지 않고 살 수 있었기 때문에 아주 다양한 생활 양식에 적응했습니다. 수백만 년에 걸쳐 포유류는 초기의 쥐 모양에서 크고 사나운 육식동물, 작은 이빨로 곤충을 잡아먹는 동물, 발굽이 있는 초식동물 등으로 진화했습니다. 고래와 같은 포유류는 초기 파충류처럼 바다에서 생활하게 되었고, 박쥐와 같은 포유류는 날 수 있게 되었습니다.

그로부터 약 6,000만 년 전쯤이 되어서야 비로소 사람과 유인원의 공통 조상인 영장류가 지구에 등장했습니다. 그리고 약 10만 년 전에는 현생인

고생대 어류를 시작으로 양서류, 파충류, 포유류와 같은 육상동물이 차례로 나타났다.

류(호모사피엔스)가 아프리카에서 최초로 나타나 전 세계로 퍼져 나간 결과, 오늘날과 같은 현대인의 모습으로 진화했답니다.

단세포생물과 다세포생물

하나의 세포로만 이루어진 생물이 단세포생물입니다. 대장균, 세균, 짚신벌레, 아메바 등의 동물이 단세포생물이며, 세포분열을 하여 생식합니다. 생활이 단순하고, 많은 단세포생물이 고등한 동물과 식물에 기생해 살아갑니다. 하지만 형태가 매우 변화무쌍한 것도 있으며, 광합성 작용, 편모·섬모·위족 등을 이용해 운동을 하는 것도 있습니다.

다세포생물은 여러 개의 세포가 모여 이루어진 하나의 생명체입니다. 다세포생물을 이루는 각각의 세포는 저마다 위치와 기능에 맞는 다양한 크기, 모양을 가지고 있습니다. 다세포생물은 체세포분열을 통해 세포의 수를 늘리면서 발생하고 성장합니다. 그러므로 세포의 수가 많아지면 한 개체의 크기도 커진다고 볼 수 있습니다.

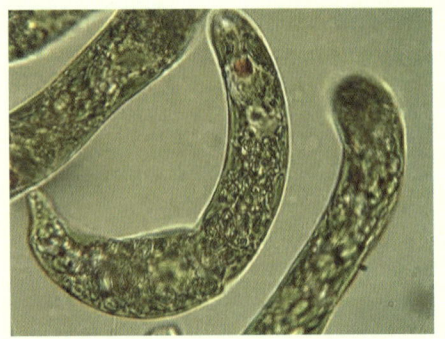

유글레나. 광합성을 해서 생활하는 생물이다.
ⓒDeuterostome@the Wikimedia Commons

디노미스쿠스. 산호와 같은 형태의 꽃처럼 생긴 다세포동물이다.

익룡과 어룡

　익룡이란 중생대에 앞발이 날개로 진화하여 하늘을 날던 파충류입니다. 공룡과 매우 가까운 관계에 있지만 공룡은 아닙니다. 쥐라기 초기에 출현해 백악기까지 살았고, 백악기 말에는 거의 멸종했어요.

　어룡은 중생대 쥐라기에서 백악기에 걸쳐 바다에 살았던 파충류입니다. 대표적인 어룡은 이크티오사우루스입니다. 몸은 돌고래를 닮았고, 바다에서 어류를 잡아 먹으며 살았으리라 추측됩니다. 독일에서 태아를 가진 이크티오사우루스의 화석이 발견되었어요.

익룡의 화석.

어룡의 화석. ⓒ Haplochromis@the Wikimedia Commons

Q&A 꼭 알고 넘어가자!

문제 1 지구가 막 생겼을 때에는 지구에 어떤 생물이 살고 있었을까요?

문제 2 진핵세포와 원핵세포의 차이는 무엇인가요?

출입하는 세포를 가지고 있기 때문에 지름이 원핵세포에 비해서 5~10배 더 크고 복잡하며, 유전물질인 DNA도 대량으로 가지고 있습니다.

3. 어류가 번성하여 육지로 서식지를 옮기는 과정에서 나타난 생물이 양서류입니다. 양서류는 물속과 땅 위를 번갈아 가며 생활하는 동물입니다. 피부는 매끄럽고 환경에 따라 체온이 변하지요. 대표적 양서류인 개구리는 알에서 부화해서 올챙이 형태로 물에서 아가미로 호흡하며 살다가, 자라면서 다리가 생겨 개구리가 되면 폐와 피부로 호흡합니다.

😊 **문제 3** 바다 생물이 육지 생물로 진화하는 과정을 보여 주는 생물에는 무엇이 있나요?

_____

_____

_____

> **정답**
>
> 1. 옛날 지구에는 어떤 생물체도 살 수 없었습니다. 당시 지구는 온도가 높아서 생긴 물, 지구 자체의 중력 때문에 붙잡힌 여러 가지 가스 등이 엉겨 있었습니다. 그러다가 온도가 점점 내려가면서 바다에 녹아 있는 각종 원소들이 뭉쳐져 단세포 생물이 되었고 이것들이 진화하여 점점 더 큰 생물이 되었습니다. 물, 불, 산소, 공기, 바람, 비, 돌 등이 어우러져 지금의 지구를 만들었습니다. 이 과정에서 대표적인 동식물로 공룡이 있습니다.
>
> 2. 옛날바다에는 해파리 같은 물렁물렁한 세포기관이 있었습니다. 조금 세월 뒤 우리의 상상물인 단세포생물, 다세포생물이 대표적인 원시생명체입니다. 달팽이, 이시도야르다, 그레빌이

관련 교과
초등 5학년 1학기 3. 식물의 구조와 기능
중학교 1학년 4. 생물의 구성과 다양성
중학교 2학년 4. 소화와 순환, 7. 호흡과 배설
중학교 3학년 1. 생식과 발생

2. 세포

모든 생명체는 하나 혹은 그 이상의 세포로 구성되어 있는데, 우리의 몸도 수많은 세포로 이루어져 있습니다. 벽돌집을 짓는 과정을 상상해 보세요. 벽돌은 집을 짓는 데 필요한 가장 작은 조각이지요? 세포 역시 생명체를 구성하는 가장 작은 단위입니다.

세포의 발견

로버트 훅
Robert Hooke, 1635~1703

영국의 물리학자이자 천문학자입니다. 직접 만든 현미경으로 세포를 발견하고, 천체의 운행이나 빛의 현상을 연구하여 빛의 파동설을 제창했습니다. 코르크 조각의 세포를 관찰하여 세포를 '셀(cell)'이라고 이름 지었어요.

로렌츠 오켄
Lorenz Oken, 1779~1851

독일의 자연철학자이자 박물학자입니다. 자연이 곧 신이라는 입장에서 생물 현상을 다루었고, 세포나 원형질(살아 있는 세포에 들어 있는 움직이는 물질)의 존재를 알렸습니다.

로버트 훅의 세포 발견

세포는 맨눈으로 관찰할 수 없을 만큼 작습니다. 그래서 세포를 관찰하기 위해서는 현미경이라는 도구가 필요하지요. 영국의 물리학자이자 천문학자인 로버트 훅이 자신이 만든 현미경으로 세포를 발견했습니다.

1665년 그는 코르크 조각이 물에 뜨는 이유를 알아보기 위해 현미경으로 코르크 조각을 관찰했습니다. 그 결과 코르크에는 벌집 같은 작은 공간이 있다는 사실, 그리고 그 작은 공간들에 공기가 가득 차서 물에 뜬다는 사실을 알게 되었습니다. 공기를 가득 불어넣은 고무 튜브가 물에 둥둥 뜰 수 있듯이 코르크 조각도 같은 원리로 물에 떴습니다. 로버트 훅은 코르크 조각을 관찰 재료로 해서 식물의 세포 구조를 발견한 것입니다. 그는 공기로 가득 찬 이 작은 공간의 이름을 셀(cell, 세포)이라고 이름 붙였습니다.

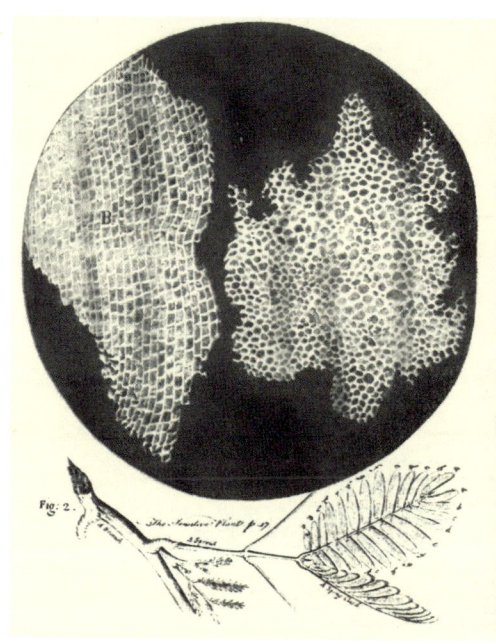
1665년 로버트 훅이 발견한 코르크 세포.
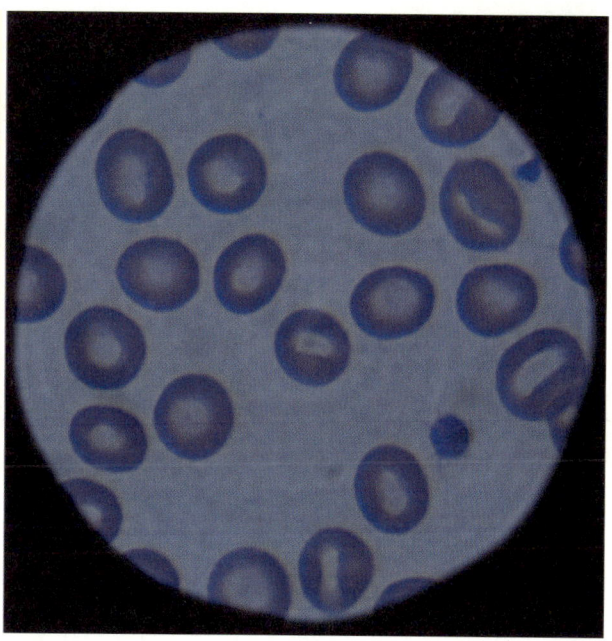
동물세포의 한 종류.

세포설

이후 1805년 독일의 식물학자 오켄은 모든 생물체는 세포로 이루어져 있고, 세포에서 생겨난다는 사실을 발견했습니다. 그러나 당시는 세포에 대한 지식이 널리 알려져 있지 않았기 때문에 사람들은 오켄의 주장을 믿지 않았습니다. 30여 년이 지난 후에야 독일의 마티아스 슐라이덴과 테오도르 슈반이 다시 세포설을 발표했고, 이를 계기로 세포설이 널리 알려졌습니다.

세포설

모든 생물의 몸은 세포라는 단위로 이루어져 있으며, 세포는 생물의 구조와 기능의 단위라고 주장하는 학설입니다. 1838년 슐라이덴이 식물에 대한 세포설을, 그다음 해에 슈반이 동물에 대한 세포설을 주장했습니다.

우리 몸은 상처를 어떻게 치료할까요?

　미술 과제를 하려고 종이를 칼로 자르다가 그만 손이 베었습니다. 그런데 상처 부위를 치료하고 며칠 후 살펴보니 아물었습니다. 어떻게 상처가 아물게 되었을까요? 상처로 손상된 세포 대신에 우리 몸에서 새로운 세포를 만들었기 때문입니다.

　식물, 동물, 사람을 포함한 생명체는 모두 세포로 구성되어 있습니다. 이렇게 우리 몸을 구성하는 세포가 오래되거나 손상되면, 생명체는 스스로 새로운 세포를 만들어 냅니다. 칼에 베이면서 손상된 피부 세포의 상처를 아물게 하기 위해 피부 아래에 있는 줄기세포에서 새로운 세포를 만들어 내는 것입니다.

　세포는 다양한 형태와 크기로 갖가지 역할을 합니다. 생명체의 생명과 건강을 유지하기 위해 지금 이 순간에도 세포들이 움직이고 있지요. 그래서 손가락에 상처가 나도 피부에 있는 세포가 상처를 치료하기 위해 빠르게 활동합니다.

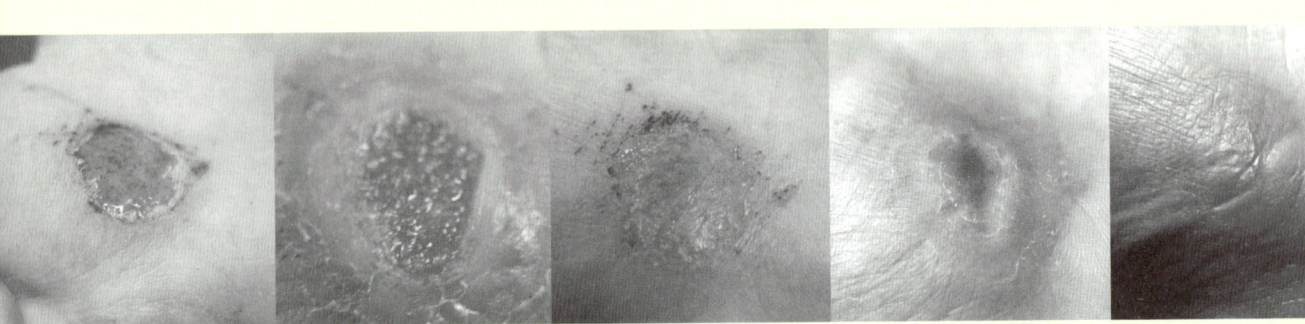

손에 상처가 나도 새로운 세포가 끊임없이 생겨나는 덕분에 아문다.

세포의 구조

세포의 크기

우리 몸을 이루고 있는 세포는 대부분 10㎛~100㎛로 매우 작습니다. 1㎛가 얼마나 작은지 상상이 안 되지요? 1㎛는 1m의 100만분의 1 정도입니다. 세포 중에서는 달걀의 노른자나 개구리의 알처럼 큰 것도 있고, 기린의 다리를 타고 내려오는 신경세포처럼 1m 이상의 엄청난 길이를 지닌 것도 있습니다. 식물세포는 동물세포보다 조금 큰 경우가 있는데, 이것은 식물세포가 물로 가득한 액포를 가지고 있기 때문입니다. 단, 세포질의 평균량은 식물세포나 동물세포나 비슷합니다.

세포의 구조

식물세포와 동물세포의 구성 요소는 조금 다르지만 보통 세포는 핵과 세포질로 구성된 원형질과 세포벽과 액포로 구성된 후형질로 나뉩니다.

핵은 유전자를 가지고 있습니다. 세포의 생활을

액포

성숙한 식물세포에 들어 있는 구조물입니다. 세포 안에 있는 큰 거품 구조로 액포막에 싸여 있고, 안에는 세포액이 차 있으며, 여러 가지 당류·색소·유기산 따위가 녹아 있습니다.

원형질

살아 있는 세포에 들어 있는 유동성 물질입니다. 세포 안에서 자기 증식, 물질대사, 운동과 같은 생명 활동의 기초가 됩니다. 바깥쪽은 원형질막으로 둘러싸여 있으며 대부분의 생물에서는 세포질과 핵으로 나뉘어 있습니다.

세포질

원형질에서 핵을 제외한 나머지 부분입니다. 주요 성분은 단백질, 물, 무기염류이며, 탄성과 점성이 있습니다.

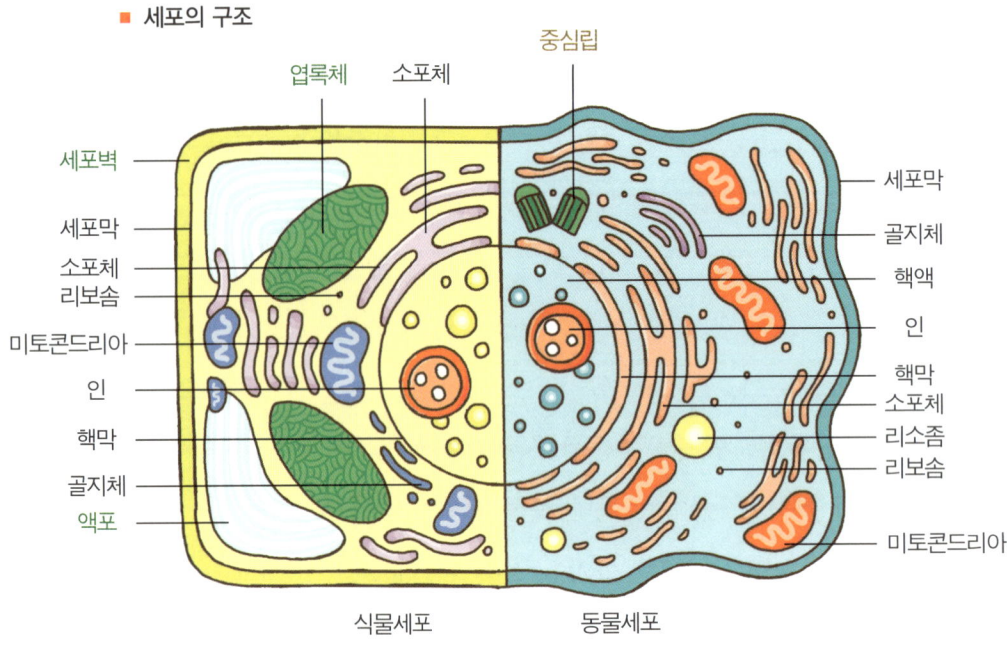

■ 세포의 구조

후형질

원형질에서 2차적으로 생긴 저장 물질이자 세포질 속에 있는 비교적 비활동적인 물질입니다. 액포, 세포액, 탄수화물, 단백질, 지방 등이 후형질에 속합니다.

세포분열

한 개의 세포가 핵분열과 세포질 분열을 거쳐 두 개의 세포로 나뉘는 현상입니다. 최초로 분열되는 세포를 모세포, 두 개로 분열된 세포를 딸세포라고 합니다.

유지하고, 수를 늘리고, 유전을 이끄는 등 생명 활동의 중심 역할을 합니다. 세포벽은 세포막 바깥쪽에 있는 두껍고 단단한 벽으로 세포의 모양을 유지하는 역할을 합니다. 사람이 사는 집을 생각했을 때 담장과 같은 것이지요.

핵은 공처럼 생겼습니다. 세포의 가운데에 위치하고 있고 그 속에 들어 있는 염색체와 인을 보호합니다. 핵은 핵막, 염색사, 인, 핵액으로 구성됩니다. 핵막은 이중 구조로 되어 있고 여기에 핵공이 있어서 핵에서 필요한 물질의 출입을 조절해 줍니다. 그리고 염색사는 유전형질인 DNA와 단백질로

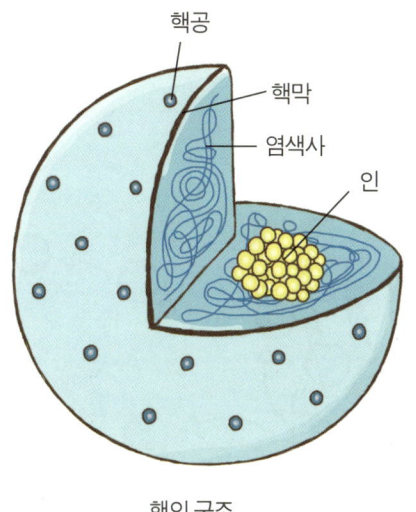

핵의 구조.

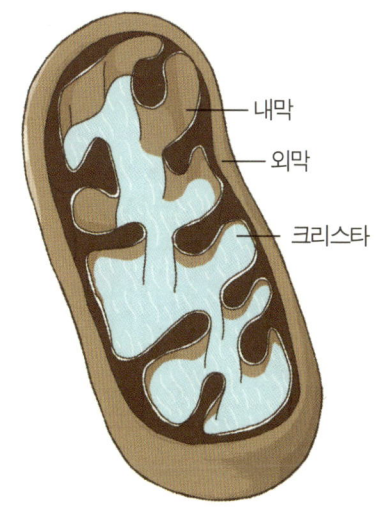

미토콘드리아의 구조.

구성되어 있는데, 실처럼 흐트러져 있다가 세포분열이 일어날 때 응축되어서 염색체가 됩니다. 인은 RNA와 단백질이 주성분이고, 핵액은 세포핵 안에 있는 액체를 말합니다.

세포막은 원형질을 보호하고 세포 안팎으로 물질이 이동하는 것을 조절하고 통제합니다. 그래서 세포가 외부로부터 분리되어 독자적인 구조를 가질 수 있고 그 기능을 유지할 수 있습니다. 또 세포막은 생명 활동에 필요한 여러 가지 화학반응이 일어나는 장소이기도 합니다.

핵과 세포막 외에도 여러 가지 세포 기관이 있습니다. 식물세포에만 들어 있는 엽록체는 햇빛, 물, 이산화탄소를 이용한 광합성 작용을 통해 산소를 만들어 냅니다. 식물의 잎이 초록색인 이유가 바로 엽록체 안에 들어 있는 엽록소가 초록색이기 때문입니다.

RNA

ribonucleic acid의 준말로서, 핵산(염기, 당, 인산으로 이루어진 뉴클레오타이드가 긴 사슬 모양으로 포개지고 합쳐진 물질)의 한 종류입니다. 하나의 나선이 길게 꼬여 있는 구조를 지니며 DNA의 일부가 옮겨져서 만들어져요.

■ 골지체에 의한 분비 과정과 리소좀 형성 과정

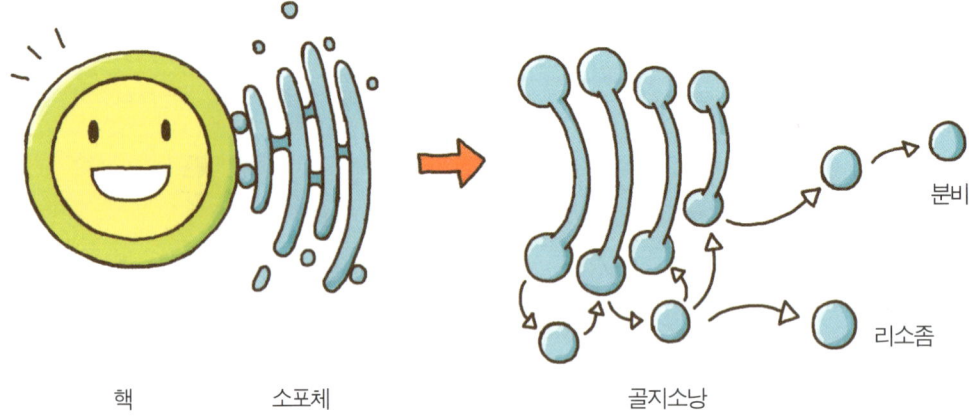

　미토콘드리아는 세포 활동이 왕성한 신경세포, 근육세포, 분비세포 등에 많습니다. 미토콘드리아의 외막은 매끈하고, 내막은 안쪽으로 튀어나와서 여러 겹으로 겹쳐진 주름을 이루고 있습니다. 이 주름을 크리스타라고 합니다. 내막과 내부의 액체 상태인 기질에는 세포 호흡에 관계하는 효소들이 들어 있어서 산소호흡이 일어나고, 이 과정에서 세포가 생명 활동에 필요한 에너지를 만들어 낸답니다.

　골지체는 납작한 주머니가 여러 겹 포개진 모양입니다. 그 둘레에는 둥글고 작은 주머니들과 가느다란 관들이 거미줄처럼 여러 겹 서로 뭉쳐 있습니다. 골지체는 세포가 합성한 여러 물질을 잠시 저장하여 분비하고 리소좀을 생산하기도 합니다.

　리소좀은 한 겹의 막으로 둘러싸여 있는 주머니 모양입니다. 골지체에서 만들어진 리소좀은 분해 효소를 가지고 있어서 세포 안으로 들어온 커다란 물질을 작게 분해하고, 세포 안의 노폐물이나 노화되고 손상된 세포 기관을 파괴합니다. 리소좀은 특히 올챙이의 꼬리에 많이 들어 있습니다. 그래서 올챙이가 개구리로 변하는 과정에서 꼬리가 스스로 떨어져 나갈 수 있도록 해 줍니다.

전자현미경으로만 관찰할 수 있는 리보솜은 세포질에 분산되어 있거나 소포체에 부착되어 있습니다. 또한 막이 없고, 단백질과 RNA로 구성되어 있습니다.

소포체는 주머니 모양의 구조물이 여러 개 겹쳐진 것을 말합니다. 핵막과 세포막에 연결되어 있고, 세포 속의 물질이 이동하는 통로로서 쓰입니다. 리보솜이 만들어지는 데에 중요한 역할을 합니다. 리보솜이 붙어 있는 것은 조면소포체, 리보솜이 붙어 있지 않은 것은 활면소포체라고 부릅니다.

중심립은 동물세포와 이끼나 버섯과 같은 하등식물에서 볼 수 있습니다. 핵의 바로 바깥쪽 세포질에 두 개의 중심립이 서로 직각으로 일정한 간격을 두고 놓여 있습니다.

생물의 성장과 세포

생물이 성장하기 위해서 세포의 크기가 커지는 것이 아니라 세포의 수가 증가해야 합니다. 그 이유는 무엇일까요? 세포가 분열하지 않고 그냥 크기가 커지면서 몸이 자랄 수는 없을까요?

사람이 살기 위해서 밥을 먹듯이 우리 몸을 이루고 있는 세포가 생명 활동을 유지하기 위해서는 양분이 공급되어야 하고, 불필요한 노폐물은 바깥으로 내보내야 합니다. 그 통로가 세포막입니다. 세포는 세포막의 넓이를 최대한 증가시켜서 물질들의 출입을 자유롭게 할 수 있도록 세포분열을 통해 표면적을 넓힙니다. 예를 들어, 가루 설탕과 각설탕이 물에 녹는 속도를 비교해 보면 가루설탕이 훨씬 더 빨리 잘 녹습니다. 이 원리처럼 세포도 크기가 커지는 것보다 세포의 수가 많아져야 양분과 노폐물이 더 자유롭게 출입할 수 있답니다.

또 다른 이유는 핵의 지배와 조절 작용 때문입니다. 핵은 생명 활동의 중심이며 모든 세포의 생명 활동을 조절합니다. 그러나 세포가 자라서 세포질의 양이 많아지면 핵이 조절해야 할 범위가 커져 세포가 제 역할을 하기 어려워집니다. 그래서 세포의 분열을 통해 세포질의 양을 줄여서 핵의 명령이 세포질 전체에 전달되도록 하는 것입니다.

세포분열

세포가 분열돼야 키가 자라요

우리의 몸에는 약 60조 개의 세포가 있습니다. 대부분 세포의 크기는 10~100㎛ 정도로 매우 작습니다. 이렇게 세포는 작지만 중요한 일을 합니다. 세포는 양분을 흡수하고, 호흡과 배설뿐만 아니라, 세포분열을 통해서 세포의 수를 늘려 우리의 키가 자라고 몸이 성장하도록 돕습니다. 세포의 수가 계속 증가하지 않으면 키도 자라지 않고 몸이 제대로 성장하지 않을 것입니다.

체세포분열

세포분열은 체세포분열과 생식세포분열로 나눌 수 있습니다. 체세포분열은 몸이 성장하기 위해서 세포를 쪼개어 수를 늘리는 현상을 말합니다. 체세포분열은 몸 전체에서 일어납니다. 세포 하나를 분열시키는 기간을 분열기라고 하는데, 분열하기 전의 준비 기간을 간기라고 합니다. 간기는 전체 분열 기간 가운데에서 가장 오래 걸립니다. 이 기간에 DNA를 복제하여 그 양이 두 배로 늘어납니다.

체세포의 분열기는 전기, 중기, 후기, 말기 네 단계로 나눌 수 있습니다. 전기에는 풀어진 실처럼 늘어져 있던 염색체가 한데 엉겨서 굳고 줄어들면

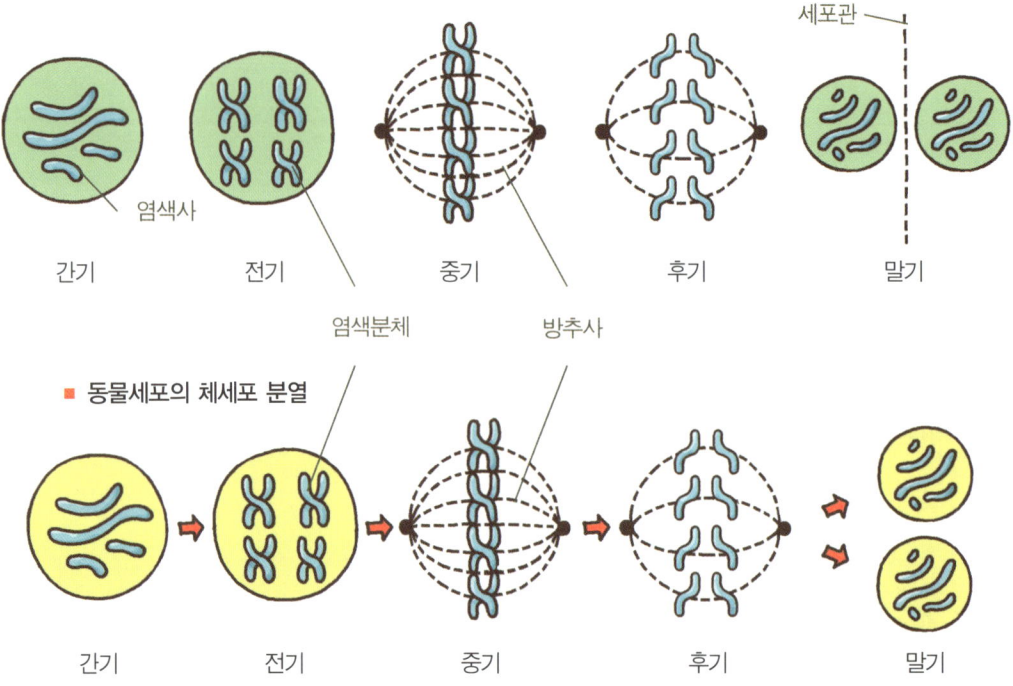

서 핵분열이 시작됩니다. 중기에는 염색체들이 가운데로 이동하여 늘어서 있어 관찰하기 쉽고, 후기에는 염색체가 분리되어 양극으로 이동합니다. 말기에는 염색체가 염색사로 바뀌고 핵막과 인이 다시 만들어집니다. 그리고 세포질이 분열하여 두 개의 딸세포를 만들어 냅니다.

생식세포 분열

생식세포분열은 생식기관에서 생식세포를 만들 때 일어나는 세포분열입니다. 세포분열이 일어난 결과 염색체 수가 반으로 줄어들기 때문에 감수분열이라고도 합니다. 따라서 암수의 생식세포가 하나로 합쳐지는 수정에 의해 만들어진 자손은 부모로부터 각각 염색체를 받아서 부모와 똑같은 수

■ 생식세포분열

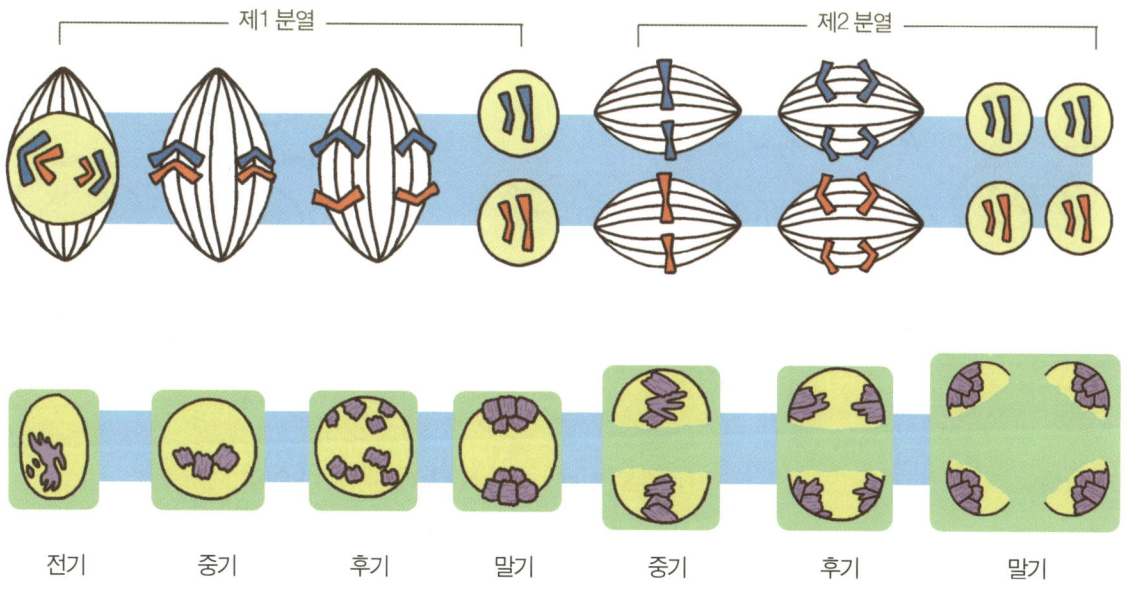

의 염색체를 갖게 됩니다.

예를 들면 사람은 46개의 염색체를 갖고 있지요. 태어날 때 난자와 정자라는 세포가 만나서 사람이 만들어집니다. 이 상태에서 난자와 정자가 합쳐지면 각각 46개의 염색체가 더해져 92개의 염색체를 가진 사람이 태어납니다. 그래서 우리 몸의 염색체 수 46개를 유지하기 위해서 난자와 정자가 만들어질 때 염색체가 절반으로 줄어드는 감수분열이 일어나게 됩니다. 감수분열은 생식기관에서 이루어지며, 제1분열과 제2분열로 나뉩니다.

생식

생물이 자기와 닮은 개체를 만들어 내는 일입니다. 단세포생물은 세포분열로 자기와 똑같이 생긴 단세포생물을 만듭니다.

생식기관

생물의 생식에 관여하는 기관으로 동물에는 1차적 기관으로 정소와 난소가 있고, 2차적 기관으로 전립샘, 정관, 자궁, 질 따위가 있습니다. 식물은 암술, 수술, 홀씨주머니 등이 생식기관에 해당합니다.

■ 단세포생물의 세포분열

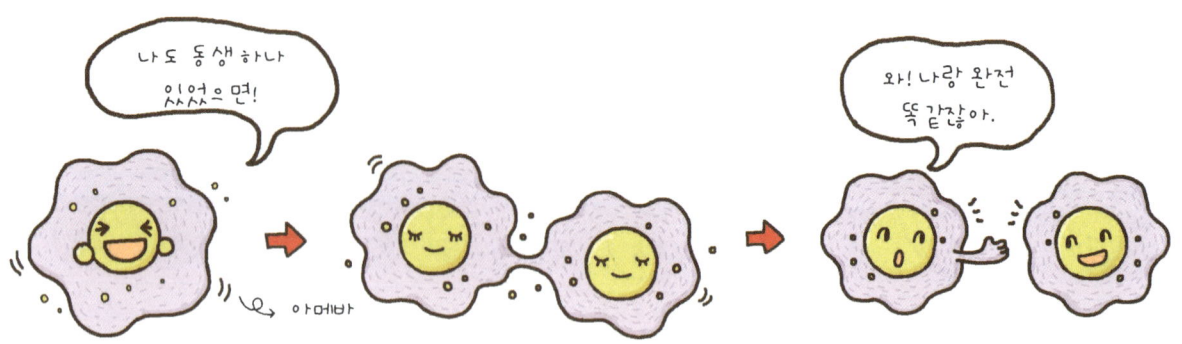

관다발

식물의 뿌리, 줄기, 잎맥으로 연결되어 있습니다. 양분의 이동 통로인 체관과 물의 이동 통로인 물관으로 나뉘어 있어요.

형성층

일부 식물의 줄기나 뿌리에 있는 분열조직입니다. 세포분열이 활발히 이루어져 안쪽에 물관부, 바깥쪽에 체관부를 만들지요. 다른 말로 부름켜라고 합니다.

제1분열기에는 염색체의 수가 반으로 줄어듭니다. 유전물질의 양은 간기에 두 배로 들었다가 후기에 다시 반이 되어 원래의 양이 됩니다. 제1분열기 말기가 제2분열의 전기가 됩니다. 제2분열기의 중기에 염색체가 가운데에 배열되고, 후기에는 염색체가 분리되어 양극으로 옮겨집니다. 말기에는 네 개의 딸세포가 만들어져요.

다세포생물은 세포분열로 여러 개의 세포가 만들어지고 세포가 커지면서 전혀 다른 모습으로 자랍니다. 동물의 경우 몸 전체에서 세포분열이 일어납니다. 그래서 아기 때에는 머리가 몸에 비해 큰 편이지만 점차 팔, 다리, 몸 등이 고르게 성장하면서 어른이 됩니다.

이와 반대로 식물은 특정 부분에서만 세포분열이 일어납니다. 줄기에 있는 생장점과 뿌리 끝에 있는 생장점, 그리고 관다발 속 형성층에 있는 세포

아기 때는 몸에 비해 머리가 크지만 세포분열이 일어나 성장하면 온몸이 고르게 발달한다.

만 분열해서 자랍니다. 뿌리 끝에 있는 생장점은 길이를 자라게 하고, 형성층의 세포는 식물의 줄기가 굵어지게 하는 역할을 합니다.

Q&A 꼭 알고 넘어가자!

😀 **문제 1** 1930년대 독일의 슐라이덴과 슈반이 발표한 세포설은 어떤 내용을 담고 있나요?

　

😀 **문제 2** 뚱뚱한 사람의 세포가 마른 사람의 세포보다 더 클까요?

　

세포는 무한정 많이 가지고 있기 때문에 어른이 되면서 점점 분열되지 뭐 사람 몸은 매우 작은 세포들이 모여서 이루어져 있습니다. 어른이 되면서 팔과 다리가 길어지고 몸이 커지는 것은 세포 수가 늘어나서 몸집이 커지는 것입니다.

예를 들면 사람은 46개의 염색체를 갖고 있습니다. 이 상태에서 나누어 갖기 쉽게 92개로 염색체를 복사합니다. 따라서 원래 있던 염색체 수 46개를 유지하기 위해서 반으로 나뉘어질 때 복사했던 염색체를 같이 나누어 주는 것입니다. 이렇게 염색체가 유사시에도 동일한 정보를 간직하고 있어서 같은 유전정보를 이어받아 염색체가 포함된 몸속의 영상세포를 가지게 됩니다.

문제 3 생식세포는 왜 감수분열을 할까요?

관련 교과
초등 5학년 1학기 3. 식물의 구조와 기능
중학교 1학년 4. 생물의 구성과 다양성, 6. 식물의 영양
중학교 3학년 1. 생식과 발생, 8. 유전과 진화

3. 유전

자식은 부모를 닮게 마련입니다. 자식이 부모를 닮는 것을 유전이라고 합니다. 그렇지만 같은 부모에게서 태어난 자식이라고 해도 모든 점이 똑같지는 않습니다. 일란성쌍둥이도 조금씩 외모도 다르고 성격도 다르지요. 이것은 부모가 가지고 있는 특징이 자식에게 모두 똑같이 전해지지 않기 때문입니다.

멘델의 유전법칙

그레고르 멘델
Gregor Mendel, 1822~1884

오스트리아의 식물학자이자 유전학자입니다. 성 아우구스티누스 수도회의 수도사였어요. 로마 가톨릭 신부로 '멘델의 법칙'을 발견해 유전학의 토대를 마련했습니다. 멘델의 연구 성과는 그가 죽을 때까지 인정받지 못했지만 1900년 더프리스를 통해 비로소 알려졌습니다. 이 공로로 멘델은 유전학의 아버지라는 별명이 얻었습니다.

좋은 품종의 씨앗을 뿌리면 좋은 열매를 얻지만 가끔 아주 형편없는 열매를 얻을 때도 있습니다. 옛날 사람들은 이것이 그저 자연의 현상이라고만 믿었습니다. 유전법칙을 몰랐기 때문입니다.

유전학의 아버지 멘델

1857년 오스트리아의 한 수도원의 뜰에서 수도사 멘델은 다윈의 진화론을 증명하기 위해 완두콩을 재배했습니다. 당시 수도원은 과학 연구를 장려했기 때문에 집안이 가난했던 멘델은 공부를 하기

위해 수도원에 들어갔습니다. 그는 8년 동안 정원의 한 귀퉁이에서 완두콩을 심고 거두어 실험한 끝에 중요한 유전법칙을 얻었습니다.

멘델의 세 가지 유전법칙

멘델의 유전법칙은 우열의 법칙, 분리의 법칙, 독립의 법칙으로 나뉩니다. 우열의 법칙이란 잡종의 제1대에 대립하는 형질 가운데 우성의 형질만이 겉으로 나타나고 열성의 형질은 나타나지 않는 유전 특성을 말합니다. 이때 열성형질은 사라지는 것이 아니라 드러나지 않을 뿐입니다.

분리의 법칙은 잡종 제2대에서 우성형질 대 열성형질이 일정한 비율로 분리한다는 법칙입니다. 독립의 법칙이란 서로 다른 형질은 섞이지 않고 각각 독립해서 우열의 법칙과 분리의 법칙에 따라 유전된다는 법칙입니다.

멘델의 실험 재료였던 완두콩은 일곱 가지 유전형질로 나누어 살펴볼 수 있습니다. 둥글고 주름진 모양을 구분하는 유전형질, 완두콩의 색을 구분하는 유전형질, 껍질의 색을 구분하는 유전형질, 콩깍지의 모양을 구분하는 유전형질, 콩깍지의 색을 구분하는 유전형질, 완두콩 꽃이 피는 위치를 구분하는 유전형질, 줄기의 키를 구분하는 유전형질이 그 일곱 가지입니다. 이 가운데에 우리는 완두콩의 모양과 색으로 이 세 가지 법칙이 어떻게 나타나는지 알아볼 거예요.

순종의 둥글고 황색(RRYY)인 완두와 순종의 주름지고 녹색(rryy)인 완두로 만들 수 있는 잡종 완두는 둥글고 황색입니다. 이것이 바로 우열의 법칙입니다. 그렇다면 이번에는 잡종 완두끼리 교배해

우성
형질이 다른 두 종을 교배하였을 때 잡종 1대에서 나타나는 형질입니다.

열성
형질이 다른 두 종을 교배하였을 때 잡종 1대에서 드러나지 않는 형질을 말합니다.

볼까요? 둥글고 황색인 완두(RrYy)가 다음 세대에 전달할 수 있는 유전자는 RY, Ry, rY, ry 이렇게 네 가지입니다. 이 네 가지 유전자를 가진 두 개의 완두로 교배할 경우 나타날 수 있는 완두의 종류와 수는 아래 표와 같습니다.

둥근 완두가 열두 개, 주름진 완두가 네 개입니다. 3 대 1의 비율이지요. 색깔을 볼까요? 황색이 열두 개, 녹색이 네 개입니다. 색깔을 나타내는 둥글고 주름진 완두콩의 비율도 3 대 1입니다. 분리의 법칙이 들어맞는다는 사실을 확인할 수 있어요. 이렇게 일정한 비율로 나타날 수 있는 이유는 색

■ 둥글고 황색인 잡종 완두끼리의 교배

	RY	Ry	rY	ry
RY	RRYY 둥황	RRYy 둥황	RrYY 둥황	RrYy 둥황
Ry	RRYy 둥황	RRyy 둥녹	RrYy 둥황	Rryy 둥녹
rY	RrYY 둥황	RrYy 둥황	rrYY 주황	rrYy 주황
ry	RrYy 둥황	Rryy 둥녹	rrYy 주황	rryy 주녹

※ 둥황: 둥글고 황색, 둥녹: 둥글고 녹색, 주황: 주름지고 황색, 주녹: 주름지고 녹색

깔과 모양의 유전자가 서로에게 영향을 주지 않았기 때문입니다. 이와 같이 어떤 형질이 다음 세대로 전달될 때 서로에게 영향을 주지 않고 따로 나타나는 현상을 독립의 법칙이라고 합니다.

이런 세 가지 유전법칙은 콩깍지 모양, 껍질 색, 꽃이 피는 위치를 구분하는 유전형질 등 모든 실험에서 똑같이 나타났습니다.

코렌스의 중간유전

멘델 이후 1909년 코렌스는 분꽃 색깔의 유전 실험을 통해 새로운 사실을 발견했습니다. 흰색과 붉은색 분꽃을 수정했을 때 잡종 제1대에서는 분홍색 분꽃만 나타나고, 잡종 제1대를 교배해 얻은 잡종 제2대에서는 붉은색 분꽃, 분홍색 분꽃, 흰색 분꽃이 1 대 2 대 1의 비율로 나타났습니다. 멘델의 분리의 법칙과는 다르다는 사실이 발견된 것입니다. 이렇게 서로 대립된 형질의 부모를 교배했을 때 그 자손의 형질이 중간 형태로 나타나는 유전 현상을 중간유전이라고 합니다.

카를 코렌스
Carl Correns, 1864~1933

독일의 식물학자이자 유전학자입니다. 1900년 더프리스, 체르마크와 함께 멘델의 법칙을 재발견했습니다. 1909년에는 빨간색 분꽃과 흰색 분꽃으로 수정한 결과 분홍색 꽃이 나오는 것을 보고 멘델의 분리의 법칙이 항상 적용되지 않는다는 사실을 발견했습니다.

다원의 진화론

과연 기린은 처음부터 목이 긴 동물이었을까요? 사실 처음 기린의 목은 지금처럼 길지 않았다는 설이 있습니다. 기린이 번성하면서 아래쪽에 있는 나뭇잎들을 다 먹어치우게 되었고, 먹이가 줄어들자 살아남기 위해서 좀 더 위쪽에 있는 나뭇잎을 먹기 위해 목을 뻗게 되었지요. 그러다 보니 목이 조금이라도 더 긴 기린이 살아남기 유리해졌겠지요? 그래서 목이 긴 기린의 유전형질만이 다음 세대에 전해지고 이 과정이 반복되면서 현재의 목이 긴 기린만 나타나게 되었습니다. 이처럼 자연 환경에 적응해 살기에 좋은 유전형질을 가진 생물이 살아남고 그 형질이 자손에게 유전되면서 과거의 생물보다 더 나은 형질을 가진 생물이 나타나게 된다는 주장이 다원의 진화론입니다.

멘델이 완두콩으로 실험한 이유

멘델은 어떤 생물로 유전을 연구해야 할지 고민하다가 몇 가지 조건을 세웠습니다.

첫째, 값이 싸고 기르기 쉬운 생물이어야 합니다. 아무리 좋은 실험 생물이라 해도 비싸고 기르기가 까다로우면 연구하는 데 어려움이 많기 때문입니다.

둘째, 교배하기가 쉽고 한 번에 많은 자손을 얻을 수 있어야 합니다. 멘델은 수학의 통계를 사용하여 유전을 실험했기 때문에 자손의 수가 적다면 유전법칙을 알아내기 어려웠을 것입니다.

셋째, 생장 기간이 짧아야 합니다. 다 자라서 자손을 얻기까지 오랜 시간이 걸린다면 사람이 늙어 죽을 때까지 연구하더라도 결과를 얻지 못하겠지요.

마지막으로 대립형질이 뚜렷해야 합니다. 대립형질이 뚜렷한 생물을 선택해야 부모가 가진 어떤 형질이 자손에게서 어떻게 나타나는지 분명하게 알 수 있습니다. 완두콩은 이 모든 조건을 모두 만족시켰기 때문에 멘델의 실험 생물이 되었습니다.

 염색체

멘델의 유전법칙이 발견된 뒤 유전형질인 DNA에 관심을 갖는 과학자가 많아졌습니다. 또한 현미경이 발달하면서 세포에 관한 연구가 활발해졌지요. 그 결과 유전형질이 들어 있는 염색체에 대한 연구도 활발히 진행되었습니다.

염색체와 염색사

세포분열 때 보이는 굵은 실타래나 막대 모양의 작은 구조물이 염색체입니다. 그 안에 유전형질을 담고 있지요. 그렇다면 왜 염색체라는 이름이 붙었을까요? 아세트산카민과 같은 염색약에 의해 붉게 염색된 색으로 세포를 구별했기 때문에 염색체라는 이름이 붙었습니다. 염색체는 세포가 분열하는 동안 염색사가 최대로 응축될 때 현미경으로 관찰할 수 있습니다. 그렇다면 염색사란 무엇인가요?

염색사란 바느질에 쓰는 실이라고 생각하면 이해하기 쉽습니다. 염색체는 실 모양의 염색사가 수없이 많이 꼬

머리카락 모양, 피부색, 손가락 마디의 주름 등 생김새는 염색체 속에 있는 유전형질에 의해 결정된다.

여 짧게 응축된 것입니다. 염색사는 DNA와 단백질로 이루어져 있는데, 만약 세포 안에 있는 DNA를 한 줄로 연결하면 그 길이가 약 2m나 된다고 합니다. 이렇게 긴 DNA가 지름이 5㎛밖에 안 되는 핵 속에 들어 있기 위해서는 고도로 응축되어야 합니다.

염색체에는 큰 키, 쌍꺼풀이 있는 눈, 왼손잡이, 곱슬머리와 같은 형질을 나타내는 많은 유전자가 들어 있습니다. 여러분의 손가락 마디에 있는 주름까지도 이 유전형질이 결정합니다. 한마디로 염색체는 우리 몸에 필요한 모든 유전형질이 담긴 창고 같은 역할을 합니다.

쌍둥이의 얼굴이 다른 이유

부모님의 유전자를 받은 자매와 형제들은 모두 같은 유전형질을 가지고 있어야 정상일까요? 부모와 자식, 형제끼리 닮기는 하지만 완전히 똑같이

일란성쌍둥이 소.

염색체끼리 유전자 정보를 서로 교환하니까 쌍둥이라도 완전히 똑같은 생김새가 되지는 않아.

생기지는 않았습니다. 그 이유가 과학자들에 의해 밝혀졌습니다.

사람의 정자와 난자에는 같은 수의 염색체가 있습니다. 정자와 난자가 결합하여 수정란이 되면 서로 모양과 크기가 같은 상동염색체를 이루게 됩니다. 각 염색체의 일정한 위치에는 유전을 결정하는 유전자가 들어 있는데 염색체끼리 합쳐지고 교차하면서 유전자들의 정보가 교환됩니다. 그래서 같은 부모에서 태어난 형제자매, 쌍둥이라 해도 얼굴 생김새, 성격 등이 완전히 똑같지 않고 다르게 태어난답니다.

염색분체, 상동염색체, 2가염색체

염색분체란 세포가 분열하기 위해 하나의 염색체가 복제하여 두 줄이 되었을 때 각각의 줄을 염색분체라고 합니다. 두 줄의 염색분체는 서로 붙어 있고, 한 개의 염색체입니다. 동원체(세포핵의 유사 분열 때, 염색체에 방추사가 붙는 자리. 종류에 따라 그 자리가 각각 정해져 있으며, 염색체 배분에 중요한 역할을 한다.)를 기준으로 염색분체의 유전정보는 일치합니다.

■ 분열된 염색체의 구조

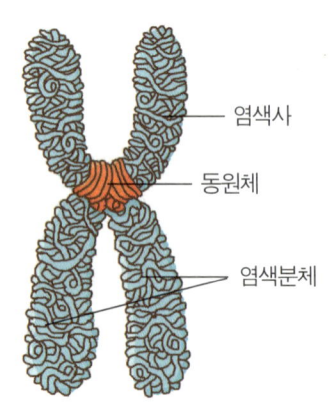

상동염색체란 모양과 크기가 같은 두 개의 염색체를 말합니다. 상동염색체에 포함된 유전형질은 종류와 순서가 일치하지만 염색분체처럼 하나하나가 완벽하게 똑같지는 않아요. 상동염색체의 한 쌍은 아빠와 엄마에게서 하나씩 온 것이기 때문입니다.

상동염색체끼리 붙어서 쌍을 이룬 염

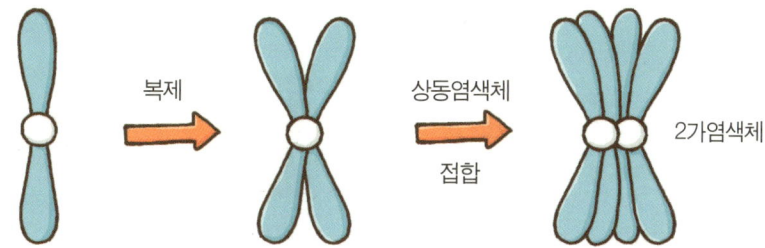

■ 염색체가 분열되는 과정

복제 → 상동염색체 접합 → 2가염색체

색체를 2가염색체라고 합니다. 염색체의 수가 반으로 줄어드는 감수분열에서 두 개씩 접합해 만드는 염색체예요. 가령, 초파리의 체세포 염색체 수는 여덟 개이고, 감수분열에서 두 개씩 쌍이 되어 네 개의 2가염색체가 만들어집니다. 2가염색체는 제1 감수분열 때 그대로 분리하여 두 핵을 만들기 때문에 염색체 수는 반으로 줄어듭니다. 2가염색체는 다른 말로 4분염색체라고도 합니다. 접합한 염색체의 염색분체의 수가 네 개가 되기 때문이에요.

동원체와 방추사

세포핵이 분열할 때 방추사가 붙는 염색체의 잘록한 부분이 동원체입니다. 방추사란 세포의 양극와 염색체, 또는 염색체와 염색체를 잇는 구조물입니다.

남자와 여자를 결정하는 성염색체

대부분의 고등생물은 수컷과 암컷을 분명하게 구별할 수 있습니다. 특히 암컷이나 수컷 가운데 한쪽은 크기나 모양이 뚜렷하게 차이 나는 염색체를 갖게 됩니다. 개체의 성을 결정하는 역할을 하는 이러한 염색체를 성염색체라고 합니다.

대부분의 동물에서 암컷은 두 개의 X염색체를 가지며, 수컷은 X염색체와 Y염색체를 하나씩 갖습니다. 그러므로 여성의 성은 XX로 표기하며, 남자의

상염색체

생물의 염색체 가운데 성염색체가 아닌 보통 염색체를 가리킵니다. 다른 말로 보통염색체라고도 합니다.

■ 남녀가 결정되는 과정

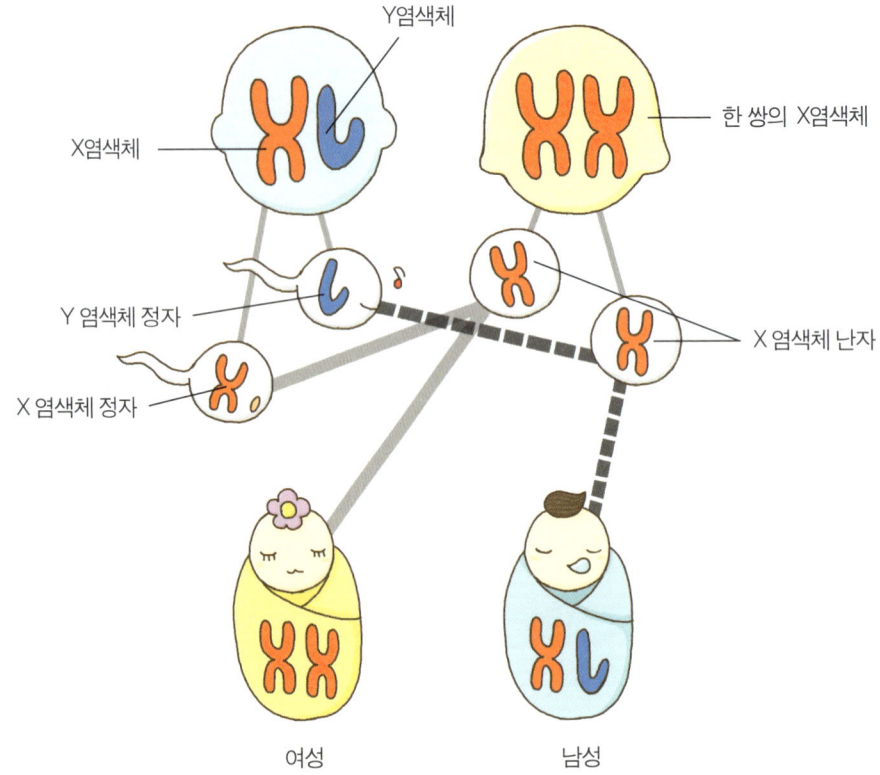

성은 XY로 표기합니다. 사람은 한 개의 체세포 속에 1번부터 22번까지 44개의 상염색체와 두 개의 성염색체를 합해 46개의 염색체를 가집니다.

성염색체는 성을 결정할 뿐 아니라 많은 문제를 만들 수 있습니다. 불임, 정신지체 현상 등도 이 성염색체가 결정합니다. 성염색체와 관계된 돌연변이에는 여러 종류가 있습니다. X염색체를 하나만 가지고 있는 여성은 여성의 생식기가 있으나 불임이 되는 터너증후군, 남성의 생식기를 가지고 있으나 X염색체가 하나 더 많아 불임이 되는 클라인펠터증후군이 성염색체의 문제로 생기는 돌연변이의 예입니다.

변이

넓은 풀밭에서 네 잎 클로버를 찾고 기뻐한 경험이 있나요? 클로버는 일반적으로 잎이 석 장이기 때문에 네 잎 이상을 가진 클로버를 찾기는 쉽지 않습니다. 네 잎 클로버처럼 같은 종류의 생물에서 모양과 성질이 다른 개체가 나타나는 현상을 변이라고 합니다. 변이는 돌연변이와 개체변이로 나뉩니다.

세 잎 클로버의 돌연변이로 네 잎 클로버가 생겨났다.
ⓒ Cygnus921@the Wikimedia Commons

돌연변이란 무엇인가요?

돌연변이란 유전물질인 DNA가 갑자기 변화하여 자손에게 전달되는 현상입니다. 유전물질이 복제되는 과정에서 우연히 발생하기도 하고, 방사선이나 화학물질 등과 같은 외부 요인으로 발생하기도 합니다. 자연적으로 발생하는 돌연변이는 DNA 복제 100만 번 중에서 한 번 정도의 비율로 일어나며, 방사선이나 약품을 처리하면 더 높은 비율로 발생합니다.

돌연변이 연구의 역사

돌연변이 연구는 19세기 말 네덜란드의 식물학자이자 유전학자인 더프리스가 큰 달맞이꽃에서 발견한 유전적인 별종을 발견하면서 시작되었습니다. 그는 달맞이꽃을 재배하다가 예전에 한 번도 보지 못했던 매우 커다란 달맞이꽃을 발견했습니다. 이 별종의 씨앗을 받아 재배했더니 다음 대에 유전되어 계속해서 큰 꽃을 피운다는 사실을 알게 되었습니다.

그 후 1910년 미국의 토머스 모건이 초파리에서 흰 눈을 가진 돌연변이를 발견했고, 허먼 멀러가 초파리에 X선을 쬐어 인위적으로 돌연변이를 일으키는 데 성공하여 유전학 발전에 크게 공헌했습니다.

모건이 초파리를 실험 대상으로 삼은 이유는 초파리는 짧게 살고, 쉽게 번식하며, 좁은 공간에서도 키울 수 있기 때문입니다. 무엇보다 가장 중요한 이유는 염색체 수가 여덟 개밖에 없어서 관찰하기가 쉬웠기 때문이에

■ 초파리의 여러 가지 돌연변이 현상

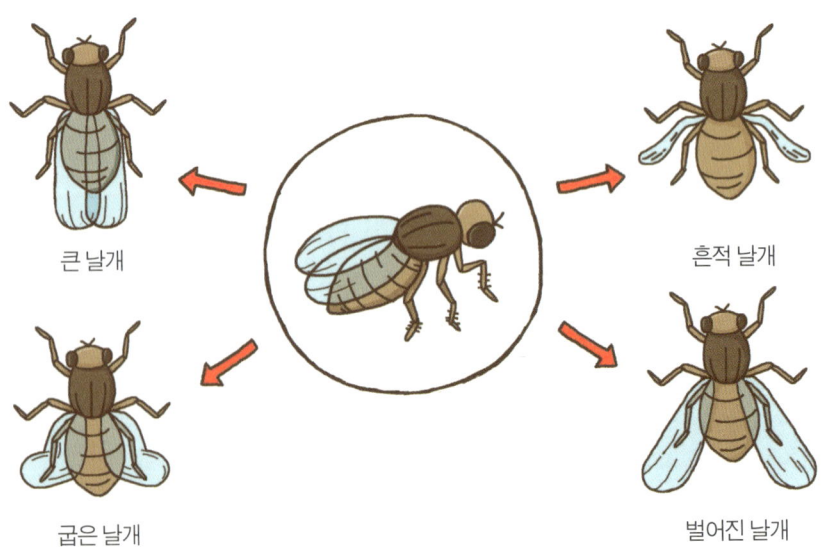

요. 또 먹이, 빛, 온도에 차이를 두어 초파리를 키우면, 초파리의 눈이 붉은 색에서 흰색으로 바뀌는 것을 발견했습니다. 이 실험으로 모건은 유전자는 환경의 영향을 받아 변할 수 있다는 사실을 밝혀냈어요.

원인에 따른 여러 가지 돌연변이

유전자돌연변이는 유전자를 구성하는 DNA의 구조가 변화하여 나타나는 변이입니다. 초파리의 눈 색깔과 모양, 날개의 모양, 몸의 색 등이 다른 것은 유전자돌연변이 때문입니다.

사람의 경우에는 겸상 적혈구 빈혈증, 알비노, 페닐케톤뇨증이 나타납니다. 사람의 정상적인 적혈구는 둥글고 넓적하게 생긴 접시 모양의 원반형이지만, 돌연변이가 발생하여 낫 모양으로 변하기도 합니다. 그렇게 되면 산소가 잘 운반되지 않아 빈혈 현상이 생기는데 이를 겸상 적혈구 빈혈증이라고 합니다.

알비노는 멜라닌 색소를 형성하는 유전자에 변이가 생겨서 몸 전체 혹은 일부가 하얗게 변하는 현상입니다. 페닐케톤뇨증은 효소를 생성하는 유전자에 이상이 생겨 페닐알라닌이 쌓여서 나타나는 증상입니다. 그러면 지능 발달이 떨어지고 소변이 검은색으로 변합니다.

염색체의 구조 이상 돌연변이는 염색체 수는 정상이나 염색체의 구조에 이상이 생긴 돌연변이입니다. 화학물질, 방사선이나 바이러스에 의한 감염, 염색체의 부정확한 교차 등이 원인이 되어 염색체

멜라닌

동물의 조직에 있는 검은색이나 흑갈색 색소입니다. 체온을 유지해 주며 멜라닌의 양에 따라 피부색, 머리카락 색이 결정됩니다.

페닐알라닌

동물이 생명을 유지하는 데 필요한 물질로, 단백질을 가수분해하여 얻는 화합물에 존재하는 필수 아미노산입니다. 달걀, 우유 등에 있는 단백질에 2~5% 들어 있어요.

구조에 문제가 나타납니다. 단일 염색체나 상동염색체 사이에 일어나는 재배열 형태는 염색체의 일부분이 없어지거나(결손), 결손된 것이 상대방 염색체(상동염색체)의 부분에 끼어들어 겹치거나(중복), 염색체의 부분 부분이 서로 위치를 바꾸거나(역위), 서로 다른 염색체(비상동 염색체) 간에 염색체의 일부가 떨어져 서로 바뀌는 것(전좌)이 있습니다. 이러한 구조 변화는 유전자를 변형시켜 불임이나 여러 유전병의 원인이 되기도 하는데, 특히 구조적인 염색체 이상은 유전될 가능성이 높습니다.

인간에게 발견되는 염색체 결손 증후군은 5번 염색체의 한 부분이 잘려 나가 아기가 마치 고양이 울음소리 같이 높은 음을 내는 증후군입니다. 그래서 고양이울음증후군이라고 불러요.

염색체의 수나 구조에 이상이 생기면 돌연변이가 나타난다.

염색체 수 이상 돌연변이는 생식세포가 만들어질 때 염색체가 분리되지 않는 현상으로 인해 염색체 수에 문제가 생기는 변이를 말합니다. 이 돌연변이는 이수성돌연변이와 배수성돌연변이로 나뉩니다. 이수성돌연변이는 상염색체에 이상으로 생기는 변이입니다. 21번 염색체가 세 개인 다운증후군, 18번 염색체가 세 개인 에드워드증후군이 이수성돌연변이의 예입니다. 성염색체가 X 하나인 터너증후군, 성염색체가 XXY인 클라인펠터증후군도 이수성돌연변이입니다.

배수성돌연변이는 모든 상동염색체가 분리되지 않아서 정상인보다 염색체의 수가 세 배, 네 배로 많아지는 현상입니다. 이것은 생식세포가 만들어질 때 방추사가 형성되지 않아 상동염색체나 염색분체가 분리되지 않고 한쪽으로 이동하기 때문입니다. 이 배수성돌연변이는 동물에서는 나타나지 않고 식물에서만 발견됩니다. 정상보다 더 크고 잘 자라는 현상을 이용해 씨 없는 수박, 밀, 감자 등 농작물의 품종을 개량하는 데에 이용합니다.

개체변이

개체변이는 염색체나 유전자에는 문제가 없고 오직 환경 변화에 의해서만 생기는 현상입니다. 돌연변이와 달리 그 형질이 자손에게 유전되지는 않습니다. 따라서 개체변이가 일어나면 같은 종류의 생물에서 개체에 따라 형질이 다르게 나타납니다. 히말라야 토끼의 털 색깔이 변화하는 것을 보면 이 사실을 알 수 있습니다.

히말라야 토끼는 다른 부분보다 귀 부분의 체온이 낮고 코와 꼬리, 다리 부분이 검은색 털로 덮여 있습니다. 그런데 히말라야 토끼의 등에 난 털의 일부를 깎은 다음 얼음주머니를 얹어 두면 그곳에 검은 털이 납니다. 이런 현상이 바로 개체변이입니다.

  그 밖에, 한 그루에서 수확한 한 콩깍지 속의 콩의 무게와 크기가 다른 경우, 한 그루의 나무에 달린 잎의 크기가 서로 다른 경우, 사슴벌레의 더듬이와 몸체의 크기가 다른 경우, 일란성쌍둥이의 키와 몸무게가 다른 경우 등이 개체변이의 예입니다.

멜라닌 색소

여러분의 머리카락은 무슨 색인가요? 검정색이지요? 동양인은 주로 검정색이지만 서양인의 머리카락은 금색, 갈색, 붉은색을 띠기도 합니다. 그렇다면 여러분의 눈동자 색깔은 무엇인가요? 우리가 눈동자 색깔이라고 할 때에는 주로 망막을 가리킵니다. 동양인은 검정색이 많고, 간혹 짙은 갈색인 사람도 있습니다. 서양인은 파란색, 회색, 초록색 등으로 다양합니다. 피부색도 마찬가지입니다. 황인종, 백인종, 흑인종 등 인종에 따라 피부색이 다르며, 같은 인종 안에서도 피부의 밝기는 사람마다 다릅니다. 이렇듯 머리카락, 눈동자, 피부의 색깔이 다양한 이유는 바로 멜라닌 때문입니다. 멜라닌은 동물 조직에 있는 흑갈색의 색소로서, 멜라닌이 많을수록 검은색을 띠게 됩니다.

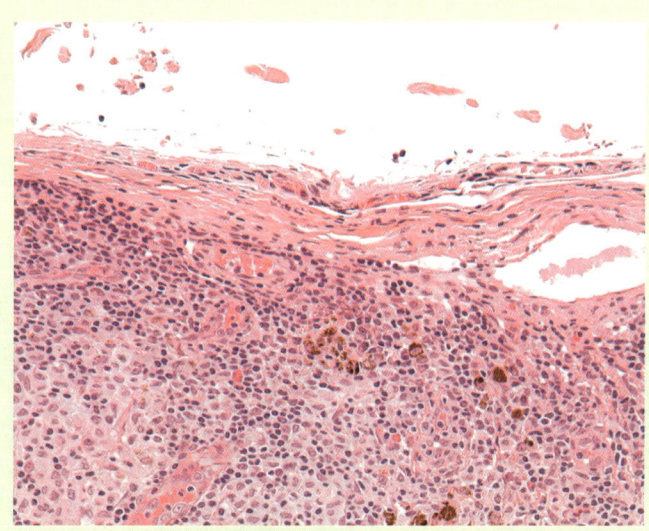

점점이 검게 보이는 부분이 멜라닌 색소이다.
ⓒNephron@the Wikimedia Commons

유전자 재조합

유전자 재조합이란 무엇인가요?

포마토에 대해 들어 본 적 있나요? 포마토(pomato)는 토마토(tomato)와 감자(potato)의 세포를 합쳐서 만든 식물입니다. 이 기술을 이용하여 벼와 피(볏과의 한해살이풀)를 이용한 잡종 벼도 만들어 냈습니다. 이 잡종 벼는 병충해에 강하고, 수확량이 많으며, 영양가도 풍부하기 때문에 사람에게 여러 가지 도움이 된답니다. 그 외에도 단백질이 많은 콩과 열매가 많이 열리는 콩을 융합하여 좀 더 뛰어난 농작물을 만들어 내기도 합니다.

그러나 이러한 작물들은 세포끼리의 결합이기 때문에 양쪽 세포의 장점뿐만 아니라 단점까지도 그대로 나타납니다. 예를 들면, 잡초를 없애기 위해 뿌린 제초제

안녕하세요. 열매는 토마토, 줄기는 감자인 포마토입니다.

때문에 애써 키운 농작물이 잘 자라지 못하게 되거나, 토마토처럼 오래 두면 모양이 변하고 상하는 문제가 새로운 작물에도 똑같이 나타나요. 그래서 세포들이 가진 좋은 유전자끼리만 융합하는 유전자 재조합 기술을 개발했습니다.

유전자 재조합이란 DNA가 한 번 끊어진 후에 다시 결합하는 과정을 말합니다. 개체 또는 생식세포의 유전자 구성이 달라지는 현상이지요. 유전자 재조합은 자연적으로 이루어지는 생식에서 나타나며, 인공적으로도 이루어질 수 있습니다.

유전자 재조합

특정 유전자의 배열 순서를 바꾸거나 다른 유전자와 조합하여 새로운 유전자 조합을 만드는 기술입니다.

유전자 재조합 기술의 활용

유전자 재조합 기술을 통해 주요 영양소를 좋은 품질로 많이 생산할 수 있습니다. 그중 대표적인 것이 식물성 기름을 뽑아낼 수 있도록 지질대사 과정을 변형하여 고품질, 고농도의 지방산을 생산하는 일입니다. 이러한 과정을 통하여 해바라기씨 기름과 유채씨 기름에서 고농도의 올레산(oleic acid)을 함유한 제품을 만들어 냈고, 최근에는 어류의 불포화지방산을 생산할 수 있는 작물을 개발했답니다.

영양소 가운데에 주요 영양소 못지않게 사람의 신체 조직이 활동하는 데 매우 중요한 역할을 하는 것이 있습니다. 그 영양소가 부족해지면 인간에게 매우 치명적인 영향을 주기도 해요. 그래서 유전자 재

올레산

고급 불포화지방산의 하나입니다. 색깔과 냄새가 없는 기름 모양의 액체로서 공기 속에서 누런 빛으로 변합니다. 여러 가지 동식물 기름의 주요 성분이며, 주로 비누를 만드는 데 쓰입니다.

불포화지방산

한 분자 속에 탄소-탄소의 2중, 3중으로 결합된 사슬 모양의 화합물입니다. 동물과 식물 속에 널리 분포해요.

조합을 통해 소량의 영양소를 포함한 원소의 양을 늘려 원하는 영양소를 생산할 수 있습니다. 예를 들면, 비타민 함유량을 늘린 황금쌀을 만들거나, 철분의 양을 늘리기 위해 쌀에 강낭콩의 페리틴 유전자를 도입하는 것 등이 있습니다.

유전자 재조합을 먹는 백신에도 활용할 수 있습니다. 식물과 동물을 이용해 만드는 의약품에 유전자 재조합 기술을 도입하면 생산량, 안전성, 경제적인 측면에서 좋은 점이 많습니다. 당뇨병 치료제인 인슐린은 소나 돼지의 몸에서 뽑아내는데, 한 사람을 치료하기 위해서는 수십 마리의 소, 돼지가 필요합니다. 그래서 유전자 재조합으로 대장균을 활용하면 적은 비용으로 많은 양을 생산할 수 있고, 부작용도 적으리라 예상됩니다. 이렇게 식물과 동물을 이용한 의약품이 대량으로 생산되어 저렴해진다면, 좀 더 많은 사람이 혜택을 받을 수 있을 것입니다.

사막에서도 잘 자라는 식물

 사막은 매우 건조하고, 밤낮의 기온 차이가 큽니다. 그리고 땅의 표면에는 소금 성분이 많아서 식물이 살아가기가 어렵습니다. 사람도 음식을 짜게 먹으면 물을 많이 마시고 싶듯이 식물도 마찬가지입니다. 이러한 건조한 사막의 환경에서도 잘 자라는 식물로는 선인장이 있습니다. 또한 소금기에 강한 맹그로브도 있지요. 선인장과 맹그로브의 유전자를 재조합하여 새로운 식물을 만들어 낸다면 사막도 푸르른 숲으로 변할 것입니다.

유전자치료

외부에서 유전자를 집어넣어 이상이 생긴 유전자를 치료하는 방법입니다. 원하는 유전자를 세포 안에 넣어 형질이 나타나도록 하고, 잘못된 유전자의 기능을 대신하거나 그 유전자를 대치하는 방법입니다.

유전자에 이상이 생겨 면역력이 부족한 사람은 같은 병에 여러 번 걸리기도 합니다. 이런 환자들이 약을 먹지 않고 병을 치료할 수 있도록 유전자 치료 기술이 개발된 것입니다.

유전자치료의 활용

유전자 치료법은 외부 바이러스의 침입으로부터 면역력이 작동하지 않는 면역 결핍증 환자에게 시도되었습니다. 대부분의 사람은 여러 가지 세균에 노출되어 있어도 면역력이 강하기 때문에 건강하게 지낼 수 있습니다. 면역력을 담당하는 것은 골수에서 혈액세포를 공급하는 조혈간세포에서 분화된 세포들입니다. 유전자에 이상이 생겨 면역 체계에 문제가 생긴 환자의 몸에서 골수를 꺼내어 그 속에 있는 조혈간세포를 분리하여 꺼낸 후 정상 유전자를 이식해서 다시 환자의 몸속으로 넣습니다. 그러면 환자의 면역 체계가 튼튼해져서 약을 먹지 않고도 건강해질 수 있습니다.

유전자치료의 문제점

우선 유전자치료를 안정적으로 시행할 수 있을 만큼 기술이 발전하지 않았다는 점입니다. 유전자치료를 시행할 때 유전자가 새로이 만들어지는 과정에서 전혀 뜻하지 않은 현상이 일어날 수 있습니다.

또한 유전자치료를 사람의 병을 치료하는 데가 아닌 키, 피부색 같은 외모를 바꾸는 데에 사용할 수 있다는 점입니다. 유전자치료를 받게 되면 그 한 사람에게서 끝나는 것이 아니라 후대에도 영향을 미치므로 큰 사회 문제가 될 수 있습니다.

따라서 유전자치료는 안정적으로 사람에게 시행할 수 있을 때까지 많은 실험을 거쳐야 합니다. 또한 병을 치료하는 데가 아닌 다른 목적에 이용되지 않도록 금지할 수 있는 제도가 마련되어야 합니다.

Q&A 꼭 알고 넘어가자!

문제 1 멘델의 유전법칙 가운데 제1 법칙인 우열의 법칙이란 무엇인가요?

문제 2 사람의 성별은 어떻게 결정될까요?

자아이가 태어나고, Y염색체를 포함한 정자와 난자가 만나면 XY염색체가 되어 남자아이가 태어납니다.

3. 특정 유전자의 배열 순서를 바꾸거나 다른 유전자와 조합하여 새로운 유전자 조합을 만드는 기술입니다. 유전자 재조합 기술의 대표적인 예는 식물성 기름을 뽑아낼 수 있도록 지질대사 과정을 변형해 고품질, 고농도의 지방산을 생산하는 것입니다. 또한 매우 적은 양이라도 없으면 사람의 건강에 치명적인 영향을 주는 영양소를 포함한 원소의 양을 늘려 그 영양소를 많이 생산할 수도 있습니다. 당뇨병 치료제인 인슐린을 만들기 위해서는 수십 마리의 소, 돼지가 필요합니다. 그러나 유전자 재조합 기술을 이용하면 대장균을 활용해 적은 비용으로 많은 양을 생산할 수 있습니다.

문제 3 농산물을 대량 생산하거나 백신을 만들기 위해 유전자를 재조합하는 기술이 발달하고 있습니다. 유전자 재조합이란 무엇이며, 이 기술을 이용한 예에는 무엇이 있나요?

정답

1. 엽록체 속에 들어 있는 녹색 색소를 엽록소라 합니다. 엽록소는 식물이 다른 자원으로부터 양분을 얻는 것이 아니라 스스로 양분을 대량생산할 수 있게 해주는 물질입니다. 햇빛이 비치면 엽록체에서는 대량생산하기 시작합니다. 엽록체 속의 엽록소가 햇빛에 들어 있는 에너지를 흡수하기 때문입니다. 이렇게 흡수한 에너지를 이용해 엽록체에서는 대량생산을 합니다. 대량생산 결과 녹말이 만들어지고, 이때 나머지 물질은 산소입니다.

2. 여자아이 몸은 X염색체로 이루어져 있습니다. 우리는 남자가 가진 정자와 여자가 가진 난자가 만나서 생깁니다. 그래서 X염색체를 가진 정자와 만나면 XX염색체가 되어 여자아이가 되고, 있는 것을 나타냅니다.

관련 교과
중학교 2학년 4. 소화와 순환
중학교 3학년 1. 생식과 발생, 8. 유전과 진화

4. 줄기세포

우리의 인체는 약 210가지의 다양한 세포로 구성되어 있습니다. 이 세포들은 각각 고유의 특성을 유지하면서 생명체가 생명 활동과 건강을 유지할 수 있도록 도와줍니다. 우리 몸의 세포에도 저마다 수명이 있습니다. 그래서 낡고 오래된 세포들이 죽으면 건강하고 새로운 세포들이 만들어져서 그 자리를 채우게 되지요.

줄기세포란 무엇인가요?

모세포

세포가 분열하기 전의 세포를 가리킵니다. 분열한 후의 세포는 딸세포라고 합니다.

수정란

정자의 핵과 난자의 핵이 합쳐져 형성된 것을 수정란이라고 합니다. 반면 수정되기 전의 난을 미수정란이라고 합니다.

여러 종류의 세포나 장기로 분화할 수 있는 능력을 가진 세포를 줄기세포라고 합니다. 한마디로 몸 안에 있는 모든 조직을 만들어 낼 수 있는 모세포의 한 종류인 셈입니다. 아직 장기나 다른 세포로 분화되지 않은 세포이므로 미분화 세포라고도 부릅니다. 이러한 미분화 상태에서 적절한 조건을 맞추어 주면 다양한 조직세포로 분화할 수 있습니다. 이런 특성 때문에 손상된 조직을 재생하는 등의 치료에 줄기세포를 응용하기 위한 연구가 진행되고 있습니다.

그렇다면 분화란 무엇인가요? 분화란 초기 단계의 세포가 각 조직으로서 특성을 갖게 되는 과정을 가리킵니다. 그 대표적인 예는 동물의 발생 과정에서 볼 수 있어요. 정자와 난자가 결합해 만들어진 수정란이라는 하나의 세포가 뼈, 심장, 피부 등의 다양한 조직세포로 만들어지기 위해서는 분화 과정이 일어나야 합니다.

사람이 태어날 때에는 아주 적은 양의 줄기세포가 몸속에 존재합니다. 이 적은 양의 줄기세포에서 몸에 필요한 모든 세포가 만들어집니다.

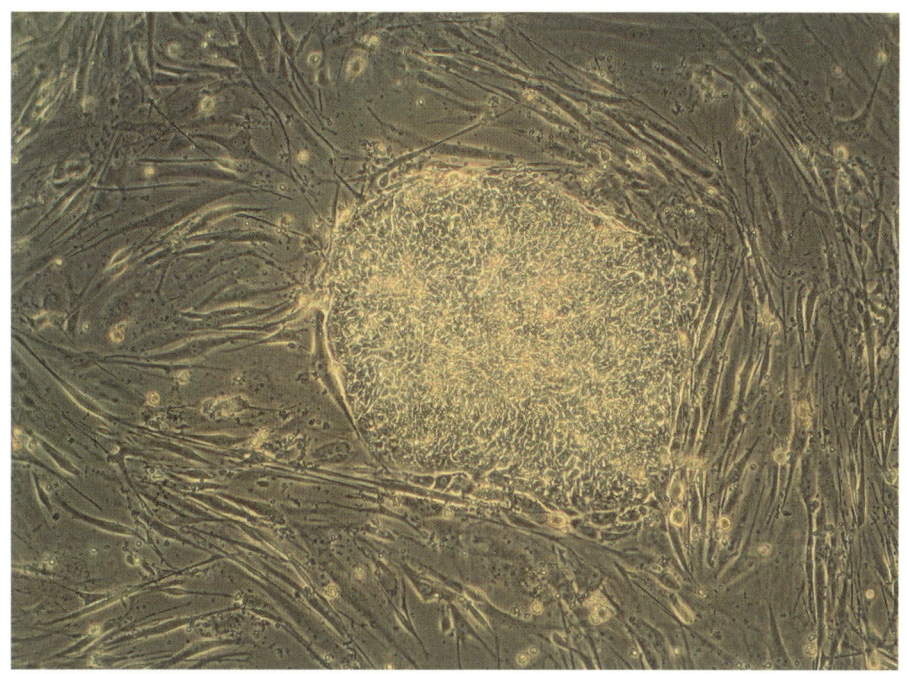
인간의 줄기세포를 확대한 모습.

 감기에 걸렸을 때에도 줄기세포의 역할을 알 수 있습니다. 심한 감기에 걸리면 콧속의 염증이 심각해져 냄새를 맡지 못하게 되기도 합니다. 뇌에 있는 후각 신경세포의 기능이 잠시 정지되었거나 없어졌기 때문입니다. 그러나 감기가 나으면 뇌 속에 있는 후각을 담당하는 줄기세포가 재생되어 다시 냄새를 맡을 수 있게 됩니다.

줄기세포의 종류

줄기세포는 배아줄기세포와 성체줄기세포, 두 가지로 나뉩니다.

배아줄기세포

배아줄기세포는 수정한 지 14일이 된 배아기의 세포를 말합니다. 배아가 만들어지는 과정에서 추출한 세포로서 모든 조직의 세포로 분화할 수 있는 능력이 있는 미분화 세포이지요.

배아줄기세포는 어떻게 추출할까요? 난자와 정자가 결합하여 수정란이 된 다음, 하나의 세포로 시작한 수정란은 세포분열을 거쳐 속세포덩이로 이루어진 낭(신체 조직 안에 있는 주머니)이 됩니다. 낭 안쪽에는 세포들의 덩어리가 있고, 이 세포들은 세포분열과 분화를 통해 배아를 만들어 냅니다. 배아는 엄마의 임신 기간을 거치면서 하나의 생명으로 발전해 갑니다. 이 과정에서 속세포덩이의 세포들이 혈액, 뼈, 피부, 간 등 하나의 생명에 있는 모든 조직 세포로 분화하는 것입니다. 세포 덩어리의 세포를 낭에서 분리해 어떤 환경에서 키우면, 더

배아

배아란 두 배우자의 결합에 의해 생긴 세포가 한 번 이상 세포분열을 하기 시작한 때부터 하나의 완전한 개체가 되기 전까지의 발생 초기 단계입니다.

제대혈

엄마가 아기를 낳을 때 탯줄에서 나오는 혈액을 말합니다. 백혈구와 적혈구, 혈소판 등을 만드는 세포를 많이 함유하고, 연골과 뼈, 근육, 신경 등을 만드는 세포도 갖고 있기 때문에 사람을 치료할 때 유용해요.

이상 분화되지는 않지만, 분화할 수는 상태의 세포로 만들 수 있습니다. 이것이 바로 배아줄기세포입니다.

배아줄기세포는 성장하면서 인체를 이루는 모든 세포와 조직으로 분화할 수 있기 때문에, 과학자들은 이 세포를 이용하면 뇌질환, 당뇨병, 심장병 등 많은 질병을 치료할 수 있으리라 기대하고 있습니다.

성체줄기세포

성체줄기세포는 필요한 때에 특정한 조직의 세포로 분화하게 되는 미분화 상태의 세포를 가리킵니다. 외부에서 오는 충격이나 노화 등으로 세포는 죽습니다. 죽은 세포의 기능을 계속해 나갈 새로운 세포를 공급하는 것이 바로 성체줄기세포입니다. 성체줄기세포는 제대혈이나 다 자란 성인의 골수와 혈액 등에서 추출해 내며, 뼈, 간, 혈액 등 구체적인 장기로 분화되기 직전의 원시 세포라고 할 수 있습니다.

치료에 성체줄기세포를 이용할 때 배아줄기세포보다 좋은 점은 환자에게서 직접 성체줄기세포를 얻을 수 있다는 점입니다. 환자 자신의 세포를 이용해 치료하므로 거부 반응도 적으며, 이미 성장한 신체 조직에서 추출하므로 윤리적인 문제도 피해 갈 수 있습니다. 또한 피부에 있는 성체줄기세포가 신경세포, 근육세포, 지방세포 등으로 분화될 수 있다는 연구 결과도 있습니다. 어떤 특정 조직에서 추출한 성체줄기세포라도 다른 조직의 세포로 분화되는 것입니다. 그러나 성체줄기세포는 배아줄기세포처럼 모든 조직의 세포로 분화하지 못하고, 대개 매우 적은 양만 있기 때문에 분리하기 쉽지 않습니다.

문제 1 줄기세포란 무엇이며 어떤 특징이 있나요?

문제 2 줄기세포는 배아줄기세포와 성체줄기세포로 나뉩니다. 이 둘의 차이점은 무엇인가요?

많이 받을 수 있어 동물의 난자나, 따라서 배아줄기세포를 성장용으로 대량으로 증식시키는 등등 기 때문에 거부 반응이 없다는 것이 장점이 있습니다. 그러나 성체 세포는 이미 성장한 상태의 성체줄기세포를 사용할 경우 환자 자신의 세포를 사용한

3. 여러 종기세포 가운데에서도 배아줄기세포에 대한 연구가 더욱 활발합니다. 장점이 많기 때문입니다. 배아줄기세포는 성장 가능성이 풍부해서 배아로부터 아기까지 만들어지게 됩니다. 이때 1~2주 된 세포공은 진정한 배아줄기세포를 떼어내기 때문입니다. 떼어낸 줄기 세포를 배양용기에 옮겨 배양하면 아직 분화되지 않은 상태의 줄기세포를 많이 얻을 수 있습니다. 그것이 국지의 동물 배아에서 비롯이 아니라 계속되고 있습니다.

문제 3 줄기세포에 대한 연구가 윤리적 논쟁을 불러일으키는 이유는 무엇인가요?

정답

1. 줄기세포는 아직 종류가 신체 조직으로 분화할 수 있는 능력을 가진 미분화 세포입니다. 이 줄기세포는 우리 몸에 있는 여러 가지의 다양한 세포로 분화됩니다. 미분화 상태에서 자극된 조건을 맞추어 주면 다 양한 조직세포로 분화할 수 있는 특징이 있습니다. 그래서 동물줄기세포로 심장, 신경, 근육, 뼈세포 등의 조직에 응용하기 위한 연구가 진행되고 있습니다.

2. 배아줄기세포는 가장 유용하게 모든 종류의 세포로 분화될 수 있습니다. 하지만 성체줄기세포는 분화 가능한 세포의 종류가 한정되어 있으며, 적용할 수 있는 범위가 적습니다. 따라서 대부분의 배아줄기세포 가 이용되고 있지만 성체줄기세포의 상당수는 아직 연구에 의지 않게 되고 있습니다. 자궁 착상 전에 해당되어 단지 수정체에서 상실된 조직으로 배아줄기세포로 재생되므로,

관련 교과
중학교 2학년 4. 소화와 순환
중학교 3학년 1. 생식과 발생, 8. 유전과 진화

5. 생명 과학

인간의 몸은 약 60조 개나 되는 수많은 세포로 이루어져 있습니다. 이러한 세포의 핵 속에는 남자와 여자가 공통으로 가지는 44개의 상염색체와 성별을 구별하는 두 개의 성염색체가 있습니다. 염색체를 구성하는 DNA에는 유전정보가 숨어 있답니다.

인간 게놈 프로젝트

인간 게놈

'게놈(genome)'은 유전자(gene)와 염색체(chromosome)를 합친 말로, 한 생명체의 세포에 있는 DNA 전체를 뜻합니다. 어떤 게놈인지를 말할 때에는 생물의 종 뒤에 게놈이라는 말을 붙이면 됩니다. 닭의 유전정보라면 닭 게놈, 쥐의 유전정보라면 쥐 게놈, 인간의 유전정보라면 인간 게놈이 되겠지요?

사람의 염색체 스물세 쌍은 모든 생명 활동의 정보가 담긴 DNA로 이루어져 있습니다. 남자는 스물세 번째 염색체인 성염색체 자리에 XY, 여자는 XX가 있는데, 이렇게 인간 게놈의 종류는 상염색체 스물두 쌍과 마지막 X, Y를 포함하여 스물네 종류입니다. 유전자로 작용하는 부분이나 유전자의 작용을 제어하는 부분 등의 모든 정보를 해독하겠다는 것이 인간 게놈 프로젝트(human genome project)입니다.

> **염기와 염기쌍**
>
> DNA의 구성 성분인 질소를 함유하는 화합물로서 고리 모양을 하고 있는 것이 염기입니다. 염기쌍이란 핵산을 구성하는 염기 가운데 서로 수소결합할 수 있는 두 개의 염기를 말합니다.

인간 게놈 프로젝트의 쓰임새

인간 게놈 프로젝트는 1990년 미국, 유럽, 일본 등의 선진국에서 시작된 초대형 과학 프로젝트입니

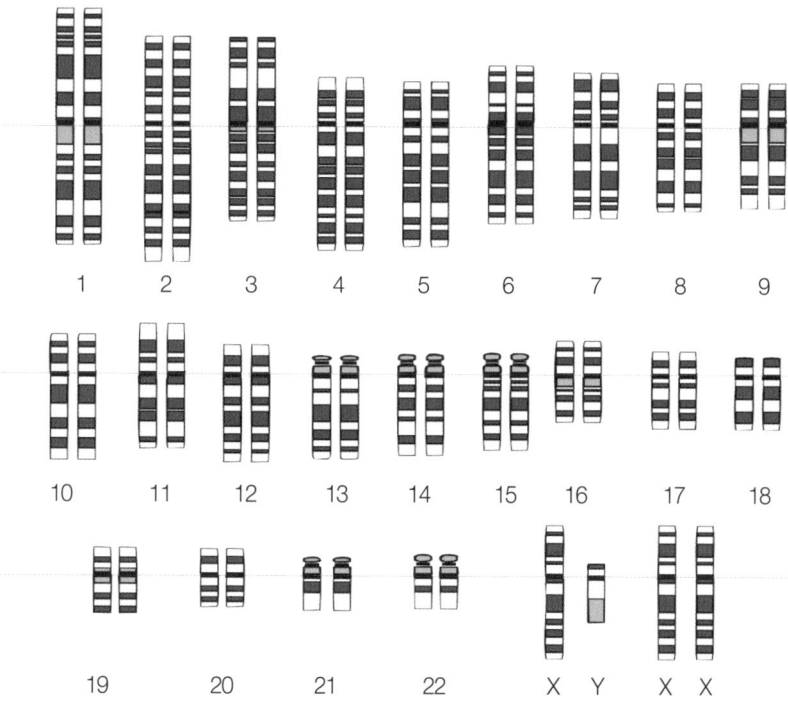

인간 게놈 프로젝트는 스물네 종류의 인간 게놈 정보를 파악하는 작업이다.

다. 이 프로젝트는 인체의 염기쌍 30억 개를 분석해 염기 서열을 정하고 유전자지도를 만들어 내는 것을 목표로 했습니다. 유전자지도는 유전자 결함이 원인인 불치병을 파악하는 데 쓰입니다. 몇 번 염색체의 어느 위치에서 무슨 문제가 생겨서 그 병에 걸렸는지 알아내는 것이지요.

인간 게놈 프로젝트가 완성되면 질병을 좀 더 정확하게 이해할 수 있으며, 질병 초기에 새로운 진단 방법을 확립할 수 있습니다. 그러면 더욱 정밀한 의약품을 처방하게 되고, 유전자치료법도 도입할 수 있게 됩니다. 유전자치료법이 완성되면 의학이 크게 발전하는 계기가 마련되겠지요. 또한 돌연변이를 유발하는 약품과 위험 물질 요소를 파악하고 돌연변이를 유발하는 DNA를 정확히 알 수 있게 됩니다. 암과 에이즈 등 각종 난치병도 예방하고 치료할 수 있을 거예요. 그 밖에도 인간 게놈 프로젝트는 DNA 지문을 감식하여 범죄 용의자를 잡는 데에도 쓰일 수 있고, 친자를 확인할 때, 장기를 이식할 때 확인해야 하는 조직의 일치 정도를 정확히 파악하는 데에도 유용할 것입니다.

인간의 유전자지도는 거의 완성 단계에 있습니다. 2030년 경에는 모든 질병의 원인이 밝혀질 것이라고 합니다. 염색체의 끝 부분인 텔로미어는 사람의 수명 및 노화와 관련 있는 것으로 밝혀졌습니다. 이 부분이 완전히 해독된다면, 사람은 좀 더 젊음을 유지하며 오래 살 수 있을 것입니다.

요즘은 병을 진단하려면 여러 가지 절차와 검사를 거쳐야 합니다. 그러나 앞으로는 머리카락 한 가닥만으로도 유전자를 검사하여 병을 진단할 수 있습니다. 현재는 보통 사람을 기준으로 개발된 약을 여러 사람이 먹기 때문에 가끔 부작용이 일어나기도 하는데, 미래에는 각자의 유전자 특징에 맞게 약을 처방하는 맞춤 의학이 가능해질 것입니다.

그러나 개개인의 유전자 결함을 알게 되면서 생기는 문제점도 있습니다. 예를 들어 회사에서 신입 사원을 채용할 때 유전자 검사를 이용하게 된다면, 유전자 결함이 드러난 사람은 채용되지 못하는 등의 문제가 생길지도 모릅니다.

복제양 돌리

생명 과학 기술의 발달은 이제 복제양을 만드는 단계에까지 이르렀습니다. 1996년 7월 5일 영국 로슬린 연구소에서 양 한 마리가 태어났습니다. 이 양은 보통의 양과 달랐습니다. 왜냐하면 어머니와 DNA가 똑같은 클론이었기 때문입니다.

클론

단일세포나 개체로부터 무성(암컷과 수컷의 구별이 없는 것) 증식으로 생긴, 유전적으로 동일한 세포군 혹은 개체군을 일컫습니다. 어머니의 자식이 아니라 어머니와 일란성쌍둥이라고 할 수 있지요.

돌리의 탄생

로슬린 연구소의 이언 윌머트 박사는 6년생 암컷 양의 유방 세포에서 핵을 꺼내어 다른 양의 난자 안에 있는 핵을 제거하고 그 자리에 꺼낸 핵을 대신 넣었습니다. 그런 다음 전기 충격으로 세포분열을 일으켰어요. 그러자 마치 정자와 난자가 만나 수정한 것처럼 세포분열이 일어났습니다. 얼마 후 대리모의 자궁 속에서 잘 자라나 세상으로 나온 것이 복제양 돌리(Dolly)입니다.

평범한 과정을 통해 태어난 양이라면 DNA를 아버지(정자)에게 절반을 물려받고 나머지는 어머니(난자)에게 물려받는데, 돌리는 어머니에게서만 물려받았기 때문에 암컷입니다. 어머니의 체세포에서 DNA의 모든 것을 물려받아서 어머니와 똑같은 DNA를 갖게 된 것입니다.

■ 동물이 복제되는 과정

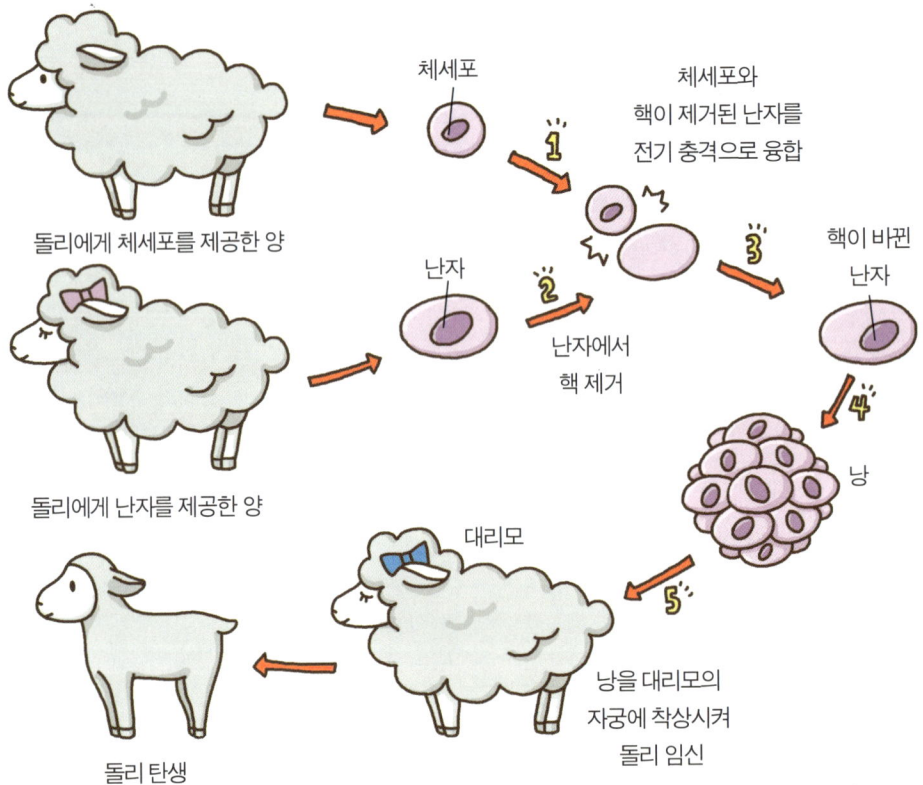

인간 복제

1996년 복제양 돌리가 태어난 사실이 알려지면서 세상은 떠들썩해졌습니다. 동물 복제는 곧 인간 복제로 이어질 가능성이 컸기 때문이지요. 인간의 정자와 난자를 수정시킨 다음 이를 배양해 수십 명의 클론을 만들 수 있도록 한 사람은 미국 워싱턴 대학교 부속 병원의 로버트 스틸먼과 제리 홀입니다. 그들은 1993년 수정란 속에서 분화되고 있는 세포를 꺼내 이를 나눈 다음 각각의 독립된 수정란으로 키우는 데 성공했습니다. 이를 수많은 대리모의 자궁을 빌려 착상만 시키면 수십 명의 일란성쌍둥이가 태어날 수 있습니다. 이미 생쥐(1981년), 면양(1986년), 토끼(1988년), 소와 돼지(1989년) 등에서 수정란을 분할해 복제 생물을 만드는 데 성공했기 때문입니다.

복제양 돌리의 의미

수정란을 나누어 클론을 만드는 기술보다 더 뛰어난 것이 복제양 돌리입니다. 돌리는 생식세포가 아닌 체세포를 복제했다는 데에 큰 의미가 있습니다. 정자와 난자를 이용하지 않고서도 몸의 어느 부분을 떼어 내 복제하면 원래의 생물과 똑같은 DNA를 가진 생물을 만들 수 있다는 뜻이기 때문입니다.

생식능력

동물의 암컷이 난자를 생산할 수 있는 잠재적 능력을 가리킵니다. 얼마나 많은 난자를 형성하고 성숙시켜 배란할 수 있는지로 생식 능력이 있고 없고를 나타냅니다.

스코틀랜드 박물관에 전시된 돌리의 박제.

　복제로 태어난 돌리가 생식능력을 갖추지 못하리라는 추측도 있었지만, 돌리는 숫양과 짝을 지어 1998년 보니라는 암컷을 낳았고, 그다음 해에는 세쌍둥이를 낳기도 했답니다. 복제양이기는 하지만 생활하는 데 전혀 문제가 없었던 것입니다. 복제양 돌리가 탄생한 후 체세포를 이용한 복제 동물이 많이 생겼습니다. 생쥐, 소 등 인간 주위의 동물을 하나 둘씩 복제함으로써 인간 신체의 일부를 떼어 내 복제하는 일이 가능하다는 사실을 짐작할 수 있습니다.

　하지만 복제양 돌리에게는 문제 하나가 있었습니다. 6년 된 어미 양의 체세포를 떼어 만들었기 때문에 돌리의 실제 나이는 한 살이지만 신체 나이는 어미 양과 같아서 다른 양에 비해 수명이 짧을 수밖에 없다는 점이었습니다. 그러나 복제양의 이러한 문제점이 어느 정도 해결되었고, 현재 우리나라에서 복제되고 있는 소는 일반 소보다도 더 젊게 태어난다고 합니다.

새로운 복제양 폴리와 인간 복제

돌리에 이어서 사람의 유전자를 가진 새로운 복제양 폴리도 탄생했습니다. 폴리는 양의 태아에서 섬유아세포를 꺼낸 다음 사람의 혈액응고 유전자를 양의 섬유아세포에 이식하여 복제된 양입니다. 이렇게 만들어진 복제양은 의약품을 개발하는 데 쓰입니다. 사람의 혈액응고 인자가 들어 있는 젖을 만들어 내고 이것을 정제하면 혈액응고제가 되는 것입니다. 이 혈액응고제는 사람의 유전자로 만들었기 때문에 부작용도 거의 없습니다.

폴리를 이렇게 유전자 조작과 복제를 이용해 만들었듯이, 사람도 폴리처럼 맞춤형으로 만들 수 있게 될 것입니다. 유전정보에 관한 지식으로 인류를 원하는 대로 개조할 수도 있는 것입니다. 과학자들은 인간의 성격, 체

섬유아세포

신체의 여러 조직을 연결하는 구성 세포입니다. 겉모양은 편평하고 길쭉한 외형을 가지며 흔히 불규칙한 돌기를 보입니다. 다른 말로 섬유모세포라고 합니다.

격, 신장, 인지력을 좌우하는 유전 단서를 가지고 있기 때문에, 게놈을 각 신체 기관의 목록으로 사용할 수 있습니다. 그래서 예비 부모들이 아직 태어나지 않은 아기에게 자신들이 원하는 특성을 선택해 부여할 수 있게 될 것입니다. 성격, 체격, 인지력 모두를 최고로 만들 수 있다는 뜻입니다.

하지만 사람들이 좀 더 뛰어난 능력을 갖춘 맞춤 인간을 요구하는 데 드는 비용이 만만치 않기 때문에, 부자는 점점 더 뛰어난 능력을 갖춘 자손을 만들게 되고, 가난한 사람은 평범하게 살 수밖에 없게 될 것입니다.

복제 인간

만약 어느 날 여러분 앞에 여러분과 똑같이 생긴 복제 인간이 나타난다면 기분이 어떨까요? 나는 놀기만 하고 복제 인간에게는 하기 싫은 공부를 대신 시킬 수 있으니 좋을까요? 앞에서 간략히 살펴본 인간 복제의 방법을 좀 더 분명히 정리해 보고, 인간 복제의 문제점이 무엇인지 살펴보아요.

인간 복제의 두 가지 방법

인간을 복제하는 기술은 크게 두 가지로 나눕니다. 첫째 수정란을 분할하는 방법이며, 둘째 체세포를 복제하는 방법이다.

수정란을 분할하는 방법은 수정란이 4~8개의 세포로 분열한 상태에서 각각의 세포들을 여러 방법으로 분리해 내는 기술입니다. 갈라진 세포들은 다시 완전한 개체로 분화할 수 있는 능력이 있으므로, 하나하나 자궁에 착상시킨다면 인공적인 쌍둥이들이 태어날 것입니다.

체세포를 복제하는 방법은 복제양 돌리를 만드는 것과 같은 원리입니다. 난자의 핵을 제거한 뒤 그 자리에 체세포의 핵을 투입하여 자신과 똑같은 복제 생물을 만드는 것입니다. 복제하려는 대상의 피부 등에서 체세포를 떼어 낸 후, 유전물질인 DNA가 담긴 핵만 따로 분리합니다. 그리고 여성에게서 난자를 얻어 핵을 제거한 뒤 체세포의 핵을 난자에 넣어 복제 수정

란을 만듭니다. 난자와 정자가 결합하는 수정 과정이 없어도 생명체를 탄생시킬 수 있다는 점이 중요합니다. 난자만 있다면 몸에서 떨어진 세포 하나로도 복제 인간을 만들 수 있습니다.

인간 복제의 문제점

현재도 많은 연구자들이 인간의 배아를 복제하기 위해 노력하고 있지만 인간 복제를 둘러싼 찬성과 반대 의견의 대립 때문에 연구가 순탄치는 않습니다. 대부분의 선진국에서는 인간 복제를 반대하는 쪽으로 의견을 모으고 있습니다. 이유가 무엇일까요?

우리는 천재적 능력을 갖춘 사람이 일찍 죽는 것을 보면 그들의 능력을 이용하여 더 많은 업적을 남기지 못하는 점을 아쉬워합니다. 그래서 좋은 능력을 갖춘 사람이나 동물을 만들어 내기 위해서 많은 노력을 기울이고 있어요. 그러나 복제 인간을 다룬 영화나 소설을 살펴보면 인간 복제 때문에 닥칠 문제들이 심각하게 다루어집니다. 복제된 인간이 겪게 되는 정체성 문제, 신체와 장기를 부여할 목적으로 엄연한 하나의 생명을 도구로 사용하는 것이 과연 옳은지의 문제 등이 영화나 소설에서 다루는 이야기입니다. 또 독재자나 연쇄살인범 같은 사람들이 복제될 경우 우리에게 닥쳐올 문제들을 생각한다면, 인간 복제가 긍정적인 면만 있지 않다는 사실을 알 수 있습니다.

인간을 복제하는 일은 매우 어렵고 민감한 문제입니다. 이 사실을 분명히 알고 현재의 자기 모습 그대로를 존중하며 살아가는 것이 첫 번째 과제입니다. 필요에 따라 맞춤형 인간을 만든다는 생각이 널리 퍼지면 자기 자신은 물론 모든 인간의 존엄성이 무너질 수도 있습니다.

복제 인간의 문제를 다룬 영화 〈아일랜드〉의 한 장면.

문제 1 인간 게놈 프로젝트가 완성되면 어떤 곳에 쓰일까요?

문제 2 체세포 핵을 이식해 이루어지는 복제의 과정을 간략히 설명해 보세요.

---

3. 시기적으로 수정란 상태로 파괴되기 쉬운 또 다른 생명체인 인간 배아를 만들어 내는 것에도 찬성할 수 있습니다. 인간 복제는 수정되지 않은 난자에게 체세포의 핵을 집어넣어 원하는 유전자를 가진 인간을 만드는 것입니다. 유전적 인간인 쌍둥이를 만들어 낼 수 있다면 인간의 수명도 늘어나게 될 것입니다. 또 유전자가 손상되어 생기는 질병을 미리 진단하여 치료에 이용할 수 있게 될 것입니다.

어떤 복제는 허용할 수 없습니다. 이것은 새로 태어날 인간이 기존 복제된 사람과 유전적으로 동일하기 때문에 새로 태어나는 아기는 인격을 인정받지 못하게 됩니다. 또한 인간이 인간을 복제한다는 것 자체가 윤리적이지 않기 때문에 허용할 수 없는 것입니다.

문제 3 생명 복제 기술의 발달로 소나 돼지, 양을 복제할 수 있게 되었습니다. 이대로라면 복제 인간도 탄생할 것입니다. 그런데 왜 많은 사람이 복제 인간를 반대할까요?

정답

1. 생명체를 더 잘 이해할 수 있으며, 질병 치료에 새로운 길을 열어줄 수 있습니다. 그리고 농작물과 가축을 개량하여 식량 생산을 늘릴 수 있습니다. 또한 멸종 위기에 놓인 희귀한 동물을 보존할 수 있으며, DNA를 조사하여 범인 찾는 데 이용할 수 있습니다. 더 나아가 죽은 사람을 다시 살려 낼 수 있으며, 예전에 지구를 지배했던 공룡같은 생물도 되살릴 수 있습니다.

2. 체세포 복제는 다 자라서 체세포의 핵을 핵을 빼낸 난자에 집어넣어 그 난자를 자궁에 착상시키는 방법입니다. 복제하고자 하는 생물의 체세포를 떼어 내고, 유전물질인 DNA가 담겨 있는 핵을 추출합니다. 복제하려는 대상자의 난자 세포에서 핵을 빼내고, 대신 체세포의 핵을 집어넣어 난자에게 전기 충격을 가하면 난자와 체세포의 핵이 결합되어 세포 분열이 일어나 복제 생명체가 탄생됩니다.